ジュニア
スポーツコーチに
知っておいて
ほしいこと

大橋 恵
藤後悦子 ［著］
井梅由美子

勁草書房

はじめに

子どもにとって、スポーツをすることは素晴らしい効果をもたらします。友達ができたり、体力がついたり、チームワークや忍耐力を学んだり、自信がついたり、多くの良い影響があります。その一方で、いまだに指導者による体罰や暴言の事例も見聞きします。印象的な事件として、桜宮高校の事件があります、これは、バスケットボール部の顧問教師がキャプテンだった男子生徒に叱責・殴打を繰り返し、自殺させるところまで追いつめたという事件です。この桜宮高校の事件をはじめ高校や大学での例が多く報道されますが、実はもっと幼い、小学生を対象としたスポーツでも指導者の問題行動は起こっています。たとえば、2017年3月24日の朝日新聞では、「小学生減らない指導者暴力」と見出しがついた記事が掲載されました。そこでは、日本サッカー協会が暴力根絶相談窓口を設置した3年半の間に小学生が被害者となる相談が約半数に当たる145件もあることが紹介され、小学生年代でも暴力や暴言・威嚇をする指導者の存在が浮き彫りになりました。記事の最後には、東京都では小学生年代の公式戦は公認の指導資格を持っていない人はベンチに入れない制度を導入する予定であることを紹介したうえで、「無資格のコーチや保護者などがベンチ入りして暴言などの問題を起こしているためだという」としめくくっています。このようなことがあると、自信をなくしたり、燃え尽き症候群になったり、怪我をしたり、大人の評価を気にするようになったりという、スポーツを行ったことによる悪い影響が子どもたちに出てしまいます。

子どもたちがスポーツを続けるためには、大人のサポートが必要です。そしてサポートする際には、ただその競技の知識（技術や戦術も含む）を伝えられればよいわけではなく、教え方に関する知識と技術が必要です。競技知識については他の専門的な本にお譲りするとして、この本では、心理学的な知見から、指導者の皆さんが子どもの発達段階を理解し、より良い指導をするためにはどうしたらよいのかについて、私たちが5年間にわたって行ってきた研究（インタビュー、視察、調査）を元に考えていきたいと思います。保護者900名を対象にした調査や、地域スポーツで指導した経験のある500名弱を対象にした調査などから、ジュニアスポーツに起こりがちな問題点について見ていきます。そして、発達心理学や臨床心理学、社会心理学の立場から解説策を模索します。さらに、スポーツ文化が盛んな欧米での実践や、国内の先進的な事例をご紹介していきます。

生涯スポーツが声高に叫ばれる現代において、スポーツのきっかけとなる児童期までの指導者の影響力は大きいと感じます。子どもたちとスポーツとの出会いがより楽しく、実りあるものになるように、一緒に考えていきませんか。プロ・セミプロを指導されている方よりも、ボランティアなどで子どもスポーツに関わっている方に特に読んでいただきたい本です。

２０１８年６月　執筆者を代表して

大橋　恵

謝　辞

本書は平成二十六～二十八年度日本学術振興会科学研究費補助金（萌芽研究（代表、藤後悦子課題番号26590166））および平成二十四～二十九年度東京未来大学特別研究費の助成を受けて行われた研究をもとに執筆されました。一連の研究の実施に当たりご助言いただいた川田裕次郎先生（順天堂大学）、臨床的かかわりの中で協力していただいた浅井健史先生（明治大学）、ジュニアスポーツについて情報をいただいた皆さん、特に、ヨハンヤマギシさん・小林忠広さん・檜谷亜樹さん・フカダエツジさんに感謝いたします。

目　次

コラム目次

第1章　ジュニアスポーツとは

「子どもは小さな大人ではない」
フィリップ・アリエス『〈子供〉の誕生』より

ジュニアスポーツとは、子どもおよび青少年を対象にしたスポーツを指しますが、本書では幼児から小学生を対象としたスポーツを中心に取り上げようと思います。なぜかといえば、日本のシステムでは中学校からは学校の課外活動としてスポーツを行うことができますが、それ以前の年齢ではスポーツを行う場合は個人的に選ぶ必要があるというように、スポーツに関するシステムが異なっているからです。ただ発達段階的に中学生の部活動にも共通の問題が見られますので、中学生の話も織り込んでいきたいと思います。

この章では、そもそもジュニアについてなぜ考えなければならないのか、ジュニアスポーツにはどのような意味があるのかについて考え、第2章の問題点につなげていきたいと思います。

1 「ジュニアスポーツ」について考える

幼児から小学生といえば、「子ども」ですね。同じスポーツを指導する場合でも、相手が子どもの場合と大人の場合では指導のしかたは異なるでしょうか。たとえば、サッカー。ボールを意図した方向に安定して蹴るためには、ボールを足のどの位置で当てるのかが重要になりますね。大人に対しては「インサイドの場合は……、アウトサイドの場合は……」などと言葉で説明すれば、あるいは指導者の方で何種類か蹴って見せれば十分伝わるでしょうが、子どもの場合は本人に蹴らせてみないと実感できないかもしれません。

その後はどうでしょうか。試合の中でタイミング良く使えるようにするにはある程度「練習」が必要だと思われますが、実際に蹴ってみる練習はどのくらい繰り返したらいいでしょうか。技術レベルが同じ程度なら、「練習メニュー」は大人と同じでよいでしょうか。練習に集中できないときはどうしましょうか。そもそも、パスやシュートのために正確に蹴ることが大切だということや、相手の動きを予測することが大切だということ、練習すればできるようになることは、どのようにしたらうまく伝わるでしょうか。

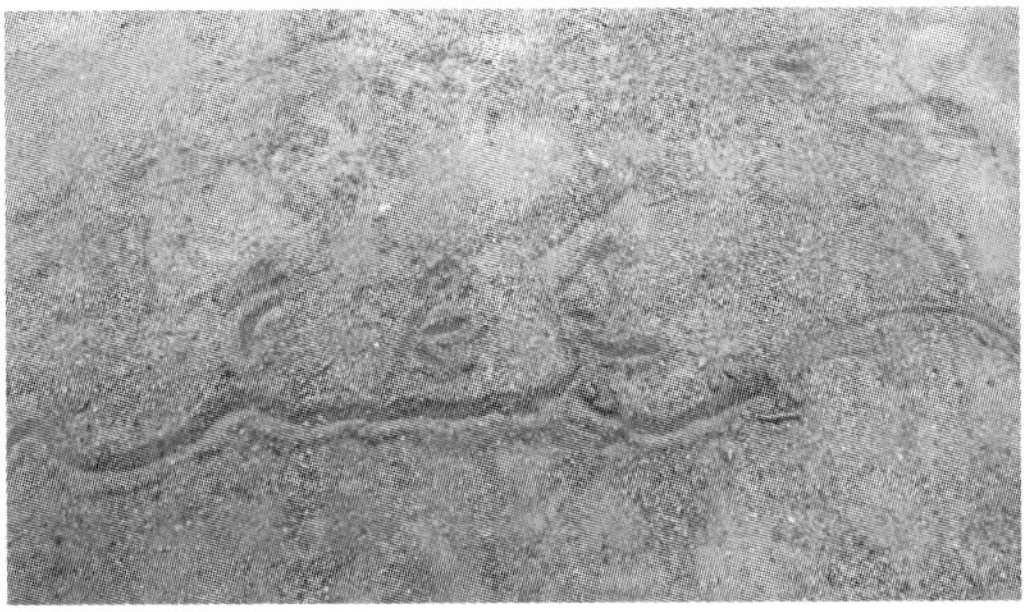

私の息子が小学生のころ、保護者の一人として地域スポーツの試合の手伝いや応援に何度も行きました。低学年の子どもたちは、時折、先輩の試合観戦中に地面に落書きをしていて、指導者に怒られていました。先輩の試合を応援しながら学んでほしいと、指導者は思っていたからでしょう。先輩たちのプレーから学ぶということは確かにプレーの上達につながりますが、小学校低学年の子にその有効性を説いてもなかなか腑に落ちるものではなさそうです。試合の間じっと他の人のプレーを見ていないといけない、これがなかなかに難しく、それよりも、短い休憩時間に自分でボールを蹴ることが楽しいようでした。

これは勉強法にも通じるところがあります。記憶に関しては、繰り返し見ること・繰り返し唱えること（これを心理学ではリハーサルと呼びます）に一定の効果があることは、心理学を学んでいない人でも知っていることです。ただ、意識して記憶ができるようになる年齢というものがあって、小学校低学年の子どもは意識的にはリハーサルを行いません。高学年に近くなってはじめて、リハーサルに効果があるとわかり、自らやってみるようになります。

指導者の方の体験談から例を挙げますと、民間のスポーツクラブで4年ほど小学生に体操を教えている男性指導者は、技自体は自分でも難なくできるけれども、自分ができることと教えることは違うので、どうやって詳細に教えたらよいかが難しいと言います。たださらに難しいと感じることは、子ども達を統率していく方法だとのこと。ある日、あまりにも小学生がうるさくふざけていて、何度も注意してもまったく聞かないので、とうとう「やりたくなければ帰っていいよ」と伝えたところ、ある男の子は、その言葉をそのまま受け止めて練習場所から出ていったそうです。保護者に連絡すると家にも帰っておらず、みんなで必死に近所を探したそうです。結局は近くの公園にいたのですが、その時は本当に焦ったそうです。

子どもは、身体が小さいだけの大人ではなく、まったく異なる存在です。このことをはじめて主張したのは、フランスの歴史学者フィリップ・アリエスだと言われています。彼は著書『〈子供〉の誕生』の中で、中世ヨーロッパには「教育」という概念も、「子ども時代」という概念もなかったと論じています。当時の子どもは、7、8歳になると徒弟修業に出て、大人たちとほぼ同等に扱われていました。しかし実際には、成長途上である子どもにはものの見え方や感じ方に大人とは違う特徴があります。子どもの特性を踏まえて競技の指導を工夫するのみでなく、指示の仕方の工夫、保護者への連絡の配慮など、指導者として踏まえておくべきことがらは多々あるのです。

ジュニアのスポーツの場

小学生や幼児が主にスポーツをする場はどこでしょうか。

住宅街を歩いていますと、小学校の校庭や体育館、地区の運動場などでサッカーや野球やバスケットボール、剣道などをしている子どもたちに行き当たります。これは学校施設を使ってはいますが、多くの場合指導しているのは学校の教員ではなく、子どもたちの保護者に依頼された外部指導者、あるいは保護者の何名かです。そして、連絡役等の運営は子どもたちの保護者が務めています。このような、放課後や休日に学校活動とは別に地域の子どもたちを集めて運営されるスポーツ団体を「地域スポーツ」と呼びます。その特徴は、ボランティアのコーチに支えられた任意の集団であり、入団テストや退団勧告がなく、ほぼ同じ小学校に通う顔見知りの子どもたちで構成されることが多い点にあります（永井、2004）。

地域スポーツの代表例は、日本スポーツ協会（当時は日本体育協会）が1962年に創設した日本最大の青少年スポーツ団体、スポーツ少年団でしょう。スポーツ少年団とは、学区内の地域に住む少年・少女が自由時間にスポーツ活動を中心とした集団的な活動を経験できる団体を指します。その地域のボランティア指導者に支えられていて、小学生以上の子どもなら男女問わず誰でも参加することができ、小学生対象の団体を中心に3万6千余が登録されています。欧米では季節を通して様々な種目を体験するスポーツ団体が多く、スポーツ少年団の設立趣旨もそうでしたが、日本の場合は、年間を通して同じ仲間と同じ種目（野球、サッカー、バスケットボール等）をプレーするケースが多く見られます。ただ登録手続きや登録料が必要なためか、スポーツ少年団に加盟していない類似団体も多いようです。そのため、地域に根ざしたスポーツ団体をまとめて「地域スポーツ」と呼びたいと思います。

地域に根ざしたスポーツ団体としては、文部省のスポーツ振興基本計画（２０００年）の中で提唱され各地に設置されつつある総合型地域スポーツクラブもまた挙げられます。この二つの違いは、総合型地域スポーツクラブが多種目・多世代であるのに対して、従来の地域スポーツは単種目・小学生対象という点にあります。総合型地域スポーツクラブは日本では歴史が浅く、いくつかの成功例があるとはいえ、まだ浸透しているとは言えない状態です。そのため、今でも小学生にとっては従来の地域スポーツが身近だと言えるでしょう。ここなら、小学生が家庭の収入にかかわらず気軽にスポーツを行うことができます。

小学生以下の子どもがスポーツができる機会としては、他に、民間のスポーツクラブがあります。スイミングスクール、体操教室、テニススクールなどがその典型例です。週に一度か二度決まった時間に、指導者がスポーツの技術を教えてくれる場所です。

中学生以上の場合、学校の部活動がありますが、小学校で部活動があるところはあまりありません。そのため、小学生以下の子どもがスポーツをしたい場合、学校外の施設、すなわち、民間のスポーツクラブか地域スポーツに行くことになります。費用や手間が発生するため、参加するかどうかについては保護者の意向が大きく影響します。

小学生までにスポーツをできない、あるいは保護者にスポーツをさせてもらえない子どもでも、中学生になってから学校の運動部を選ぶことは可能です。ただし、ある程度小学生時代までに親しんでいなければ、スポーツへの関心を持ちにくいでしょう。

また、小学校から続けていてすでに上手な子がたくさんいる中に入っていくには勇気が要ります。実際に中学に進学した筆者の娘の元クラスメイト達十数名にどうやって部活動を決めたか聞いたところ、サッカー部やバスケットボール部、野球部を選んだ子たちは、一人を除き、地域スポーツないしはスポーツクラブで小学校時代にそのスポーツの経験がある子どもたちばかりでした。小学校時代に特定のスポーツをやっていなかったお子さんは、文化部を選んでいるか、運動部を選んでいても「初心者が多くて運動部のわりにぬるいテニス部」「皆同じレベルから始められる卓球部」「なんとなくバレーボール」など、経験者が少ない種目を選ぶ傾向がありました。

中学の部活動は、ほぼ全員参加という傾向が強いので、様々なニーズを持った子が一緒に活動をします。ある子は県大会出場を目指し、ある子は友達とわいわいするのが楽しみという具合です。友人の息子さんは、中学時代のバスケットボール部を振り返り「つらかった」と言います。何が大変だったのでしょうか。その子は、小学校から強いチームにいたので、中学校でも県大会を目指したいと思って

いました。同級生の仲間は、ミニバスから上がってきたメンバー３人以外は初心者でした。最初は、みんなで一緒に昼休みや放課後など部活動以外でも練習をしていました。しかし、試合に出るのはどうしても技術力の高い経験者優先。中学から始めた子たちは、頑張っても試合に出られないのでした。おまけに、翌年入部してきた下級生には経験者が多く、試合には2年生の初心者組よりも出場するようになりました。そうすると2年生のふざけがひどくなり、まじめにやっている子たちを馬鹿にするようになりました。ドリブルを下級生がしているところに、ボールをわざと転がしたりなど、危険な行為も見られるようになりました。友人の子はキャプテンでしたが、注意してもやめてくれません。先生は普段の練習は見に来ないことも多く、気づきません。当然、部活がまとまるはずはありません。ふざけている子たちは、先生からはかわいがられていたので、友人の子は孤立してしまったそうです。

（学習性無力感。コラム２）、だんだんと練習をさぼったり、練習中にふざけたりするようになりま

２　生涯スポーツ時代におけるジュニアスポーツの意味・意義

２０２０年の東京オリンピック・パラリンピックを控え、近年スポーツへの関心は急速に高まっています。２０１５年10月には、「スポーツを通じて国民が生涯にわたり心身ともに健康で文化的な生活を営むことができる社会の実現」を目標に掲げた、スポーツ庁が新設されました。活躍が見込める競技に強化費を集中し金メダル大幅増を目指していると言われているスポーツ庁ですが、そ

の目標はこれだけではありません。長寿高齢化する社会の中でいかに健康に長く生活するかはとても重大な課題で、スポーツ振興によって健康寿命を長くすることもまた、期待されているのです（鈴木、2016）。２０１７年に策定された第二期スポーツ基本計画においては、今後5年間に取り組むことの冒頭に『スポーツを「する」「みる」「ささえる」スポーツ参画人口の拡大と、そのための人材育成・場の充実』がうたわれています。実際に、一般の人々がスポーツを楽しみながら健康の保持増進や社会参加を推進する、生涯学習としての「生涯スポーツ」という考え方が浸透してきました。

生涯スポーツを楽しむためには、大人になってから突然始めるのは難しく、身体も心も柔軟な子ども時代からスポーツに親しんだ経験があった方が望ましいと考えられます。老人になった時の体力は青少年期の運動経験と切っても切り離せません。文部科学省の調査（2014）によれば、中学時代に運動部に入っていた人は大人になってからも運動をするケースが多く、老人になってからの運動機能テストの成績が良いというデータが出ています。幼少期から身体を動かす楽しみを持つことは、それ以降スポーツを行う意欲に直結しますし、それは大人になってからの心身の健康に大きな影響を与えるのです。

ここで、特に子ども時代にスポーツをやる効果についてまとめておきたいと思います。子どもがスポーツを行うことには、身体の発育促進、体力と運動能力の向上という効果があります（谷口、2004）。「ゴールデンエイジ」という言葉があるように、スポーツ指導の現場では習得に適切な時期があるように言われています。幼児から小学校低学年は基本的な動きを身につけていく時期、小学校高学年は自分で自分の身体をコントロールする技巧性が発達する時期だとされます。実際のところは、これは練習の量や質とも関係があるため、「ゴールデンエイジ」の存在は科学的に立証されているものではないようです。人間の場合、還暦を過ぎても新しい運動技能を身につけることは可能で、3か月ジャグリングを続けさせた研究では、脳構造まで変化したことが報告されています（Boyke et al. 2008）。ただ、成長期の骨や筋肉の発達には、栄養を取るだけではなく適度な刺激としての運動は大変有効です。

現代の子どもたちの体力や運動能力は低下していることが指摘されています。1967年から1997年までの体力テスト得点の推移を見ると（Nishijima et al. 2003）、男子高校生（図1－1上）も女子高校生（図1－1下）もこの期間に体力テストの得点が低下していることが見て取れます。小中学生についても同じ傾向があり、文部科学省が毎年度行っている体力・運動能力調査によれば、ここ10年はやや持ち直しているとはいえ、短距離走、持久走、握力、ソフトボール投げなど体力テストのほぼすべての項目について、現在の子どもの方が親世代よりも依然として低いレベルにあります（文部科学省、2014；スポーツ庁、2016）。

これは実は日本に限った話ではありません。若者の体力低下は先進国に共通の現象であり、さまざまな国で青少年の体力および筋力の低下が報告されています。たとえば、イギリスで9歳から10歳の児童を対象に行われた調査（Boddy et al. 2012）では、20メートルシャトルランで測る持久力得点は1998年から2010年の12年間で低下しています。フィンランドでは、若い男性の持久力（12分間走で測定）も筋力も1975年から2004年までの間に下がっている一方で、体重は

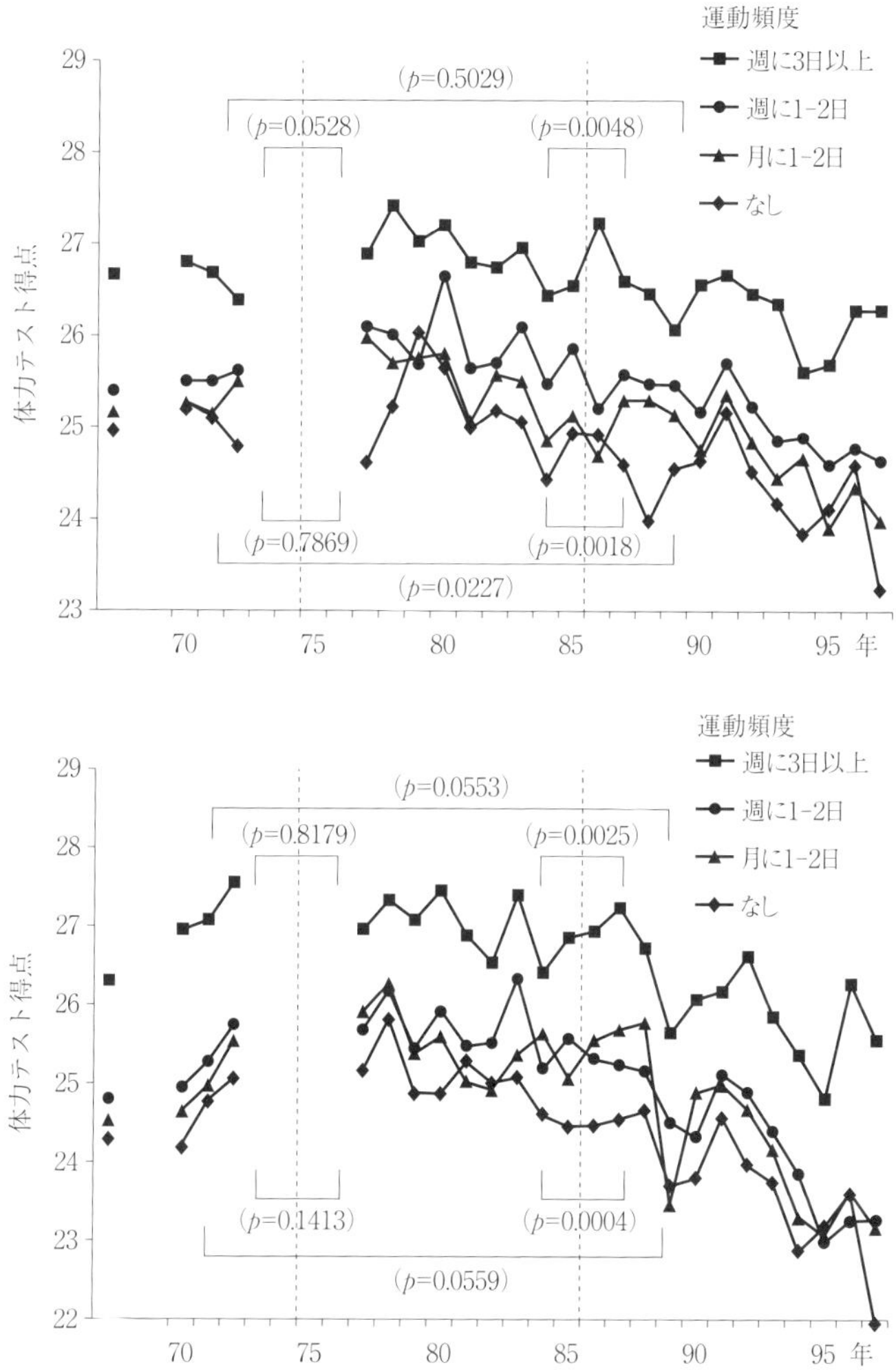

図 1-1　日本の高校生の体力テスト得点（Nishijima et al., 2003）

写真 1-1　空き地

増えているそうです（Santtila et al., 2006）。フィンランドには徴兵制があり、約95％の男性が参加します。この調査はその徴兵に就く際に行われているので、フィンランド人男性の偏りのないデータであると考えられます。アジアやオセアニアで行われた類似の調査でも、若者の体力が落ちてきていることが指摘されています（Salmon et al., 2005（オーストラリア）; Tomkinson et al., 2012（アジア）; Albon et al., 2010（ニュージーランド））。

体力や運動能力は子ども時代の自由な遊びの中で育つと言われています（汐見，2008）が、少子化が進んだ現代、子どもの遊び環境は変わりつつあります（文部科学省，2015）。漫画「ドラえもん」では、子どもたちが放課後空き地で野球を楽しむ場面がくりかえし描かれます（藤子，1974）。しかしながら、現代の特に都市部においては、子どもが自由に集うことができる場所は減少しています。空地は立ち入り禁止になっており（写真１‐１）、地元の公園では幼児やお年寄りも同時に使うことからボール類の使用が禁止されていることが多いのです（写真１‐２）。こちらにご紹介した東京都足立区の例では、明らかに野球とサッカーが危険な行為として禁止されていますし、東京都杉並区の例では「まりなげ」と「バット」が禁止されているため、球技は難しそうです。

そのため、気軽に身体を動かせるサッカーやキャッチボールをやりたい場合には遠くの大きな公園まで出かけるか、あるいは、道路で行わざるを得ません。ただ、道路は車が通ることもあり危険ですし、他の歩行者の迷惑になってはいけませんので、細々と行うことになります。その上、少子化や習い事の増加に伴う遊び仲間の減少、遊び方の変化に伴う外遊びの割合の減少により、子どもの外遊び時間は減っていることが指摘されています（東京都教育委員会、2016）。確かに平日の夕方住宅街にある小さな公園では子どもが遊ぶ姿が見られにくくなっています（写真1－3）。

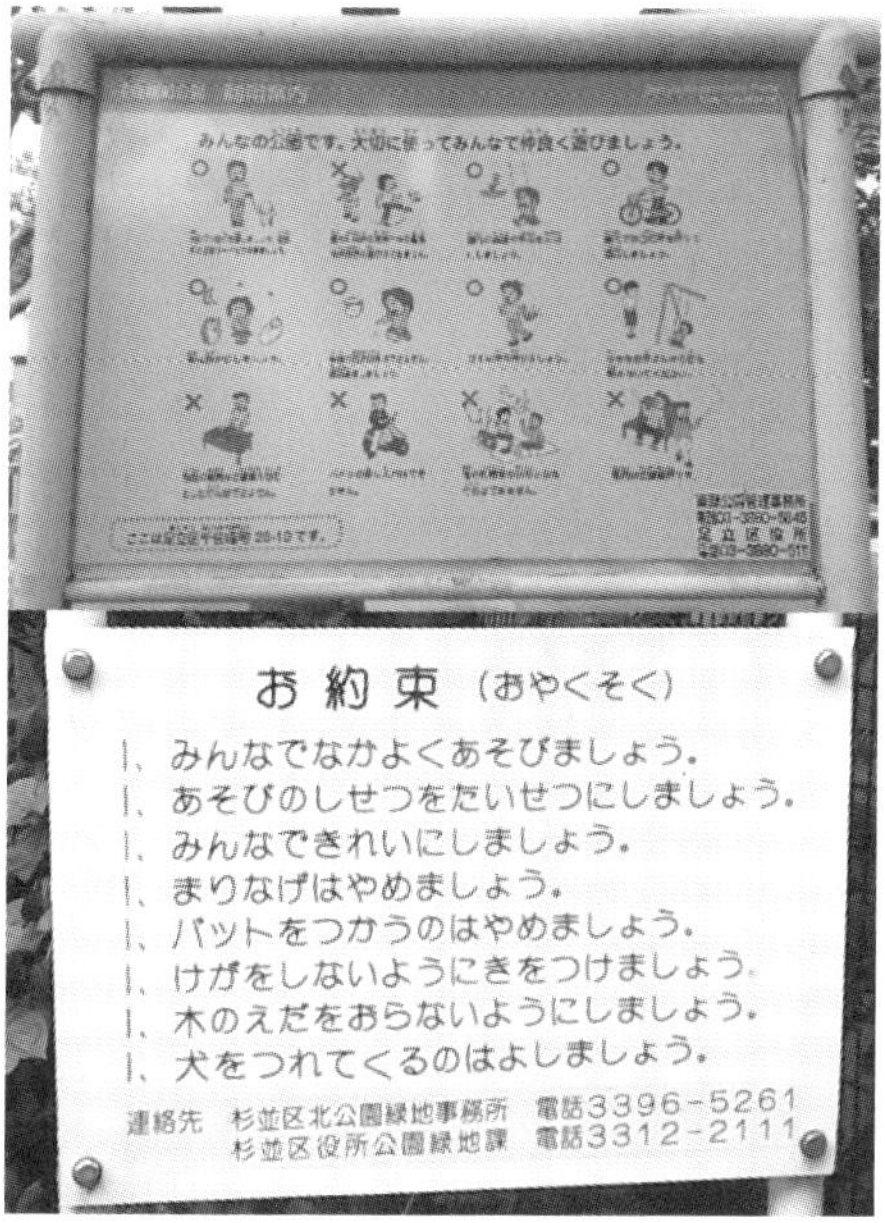

写真1-2　公園の利用案内

外遊び時間減少に関するこの三点の解消は難しいので、適切な運動を意識して実施することが重要になってきます。先述した文部科学省の調査（2014）では、運動・スポーツの実施頻度と体力テスト結果には実は明確な関連が見られています。6、7歳ではその差は小さいのですが、9歳ごろから運動実施による差が大

写真1-3　夕方の公園

きくなります。つまり、何らかの形で週に3回以上運動している子どもは、それ以外の子どもよりも体力テストの得点が高いという違いが見られるようになります。

そして、興味深いことに、この運動習慣による差は老年期を含む全年代において見られました。つまり、学生時代に運動部やスポーツクラブに所属していた人は、どの年齢層でも、そうではない人よりも体力テストの得点が高かったのですが、これは運動習慣が続くためと解釈されています。楽しみ・気晴らしとなるだけではなく、健康年齢の拡大にも運動・スポーツは大きな役割を果たしています。

このような知見を受け、各自治体・教育機関が子どもの体力低下への対策をとり始めています。たとえば、体育の授業時間を増やしたり、休み時間や授業前にスポーツや運動・体操を取り入れたり（縄跳び、持久走、短距離走、鬼ごっこ、ボール蹴りなど）、学級の時間に積極的に外遊びを取り入れたりするなどです。その甲斐あって、ここ10年ほどで横ばいまたは向上している項目もあるものの、持久走やボール投げはかなり低下したままであり、学校の教育課程内で行うには時間的に限界があります。そのため、放課後や休日のスポーツ活動に注目が集まっています。

スポーツ活動には，他にも良い点があります。まず，体を動かすことはストレス解消にもなりますし（荒井，2004），勝利を目指して努力する中で忍耐力やチャレンジ精神も育つでしょう。たとえば，広島の小学校高学年児童を対象に行われた調査でも，スポーツを継続したことにより運動技能や自尊感情が高まったことが示されています（新本，2012）。また，高校生対象の調査ではありますが，運動系の部活動に所属している生徒は，そうでない生徒より日常生活で生じるさまざまな問題や要求に対し建設的かつ効果的に対処する能力が高いことが示されています（上野・中込，1998）。部活動をしている高校生としていない高校生とを比べた竹村ら（2007）もまた，部活動をしている方が課題志向性（個人の能力の発達を目標とする志向性）および協同性（仲間と協力することを目標とする志向性）が高いことや，学校生活への適応が良好であることを示しています。

これに加え，少子化が進む現代において，スポーツ集団には社会化の場としての役割も期待できます。目的を持って接していると，仲間とぶつかってしまうこともあります。そのような仲間たちとの付き合いが，チームワークや社会性の学習につながるのです（Coatsworth & Conroy, 2009）。たとえば，カナダ人の小学生を対象にした調査によれば，スポーツ経験のある子どもの方がない子どもよりも社会的スキルに優れ，自尊心が高く，幸福だと感じる傾向がありました（Findlay & Coplan, 2008）。社会化とは「個人がその属する社会の価値観を取り入れていく過程」（中島・子安・繁桝ら，1999, p. 363）を指し，この価値観には言語，法律，道徳，慣習などを含みます。社会化に最も重要な役割を果たすのはもちろん家族ですが，それ以外にも，友人，教師に加え，スポーツチームの指導者や仲間もまた社会化を促す存在になります。子どもはスポーツチームに所属すること

イラストはプリントアウトファクトリー　http://www.printout.jp/CL/

図 1-2　ジュニアスポーツにおける 3 種類の登場人物

により、まず、勇気、熱心さ、根気強さ、さらに、コミュニケーション能力や判断力などを得ることができるでしょう。

子どもがスポーツをしているということは、その家族にも影響を与えます。ジュニアスポーツの一つの特徴として、選手（本人たち）と指導者に加えて、保護者が3種類目の登場人物として想定される点が挙げられます（図１－２）。練習の当番や試合の送迎などにおいて、また励ましや動機づけなどの精神的な面において、保護者の援助がある程度必要となるからです。このため、必然的に保護者とチームとの関わり、保護者同士の関わりが深くなります。

ボランティア運営の地域スポーツの場合それは顕著で、一緒に当番や引率をしたり試合観戦をしたりしているうちに、保護者同士はより密な関係とならざるをえません。いわゆる「習い事」であっても、子どもが小さいうちは送迎のためその後は応援や差し入れなどのために出向いたときに、やはり指導者や他の保護者との関わりが生じます。さらに、家族内においても、子どもにせがまれて一緒に試合を見に行ったり、休日にその種目がプレーできるようなところに出かけたり、個人練習に付き合ったりすることもあるでしょう。このように保護者が子どもと共にスポーツに関わるため、家族のコミュニケーションが増えたり（Dorsch, Donough & Smith, 2015）、子どもの成長や楽しんでいる様子を実感することができたり（Wiersma & Fifer, 2008）、大人同士の子育てネットワークが拡大したりする（Na, 2015）など、さまざまなメリットがあると考えられます。

3　ジュニアスポーツの実際

実際に、小学生の習い事として、スポーツはとても人気があります。3～17歳の子どもを持つ母親1万5千人余を対象に行われたベネッセの調査（2009）によれば、小3・小4生では4人に3人はスポーツ系の習い事をしています。小6では学習系の習い事にシフトしつつあり減るとはいえ、6割を越えます。

では、具体的にはどのような種目が人気なのでしょうか。調査結果（図1－3）を見ると、トップはスイミングで、これは幼児でも同じなのですが、2位以下にサッカー・野球・ダンスなどの集団スポーツがランクインしています。こちらの調査では、どのようなところで習い事をしているのかも尋ねているのですが、野球やソフトボールは「地域や保護者のボランティアが行っている団

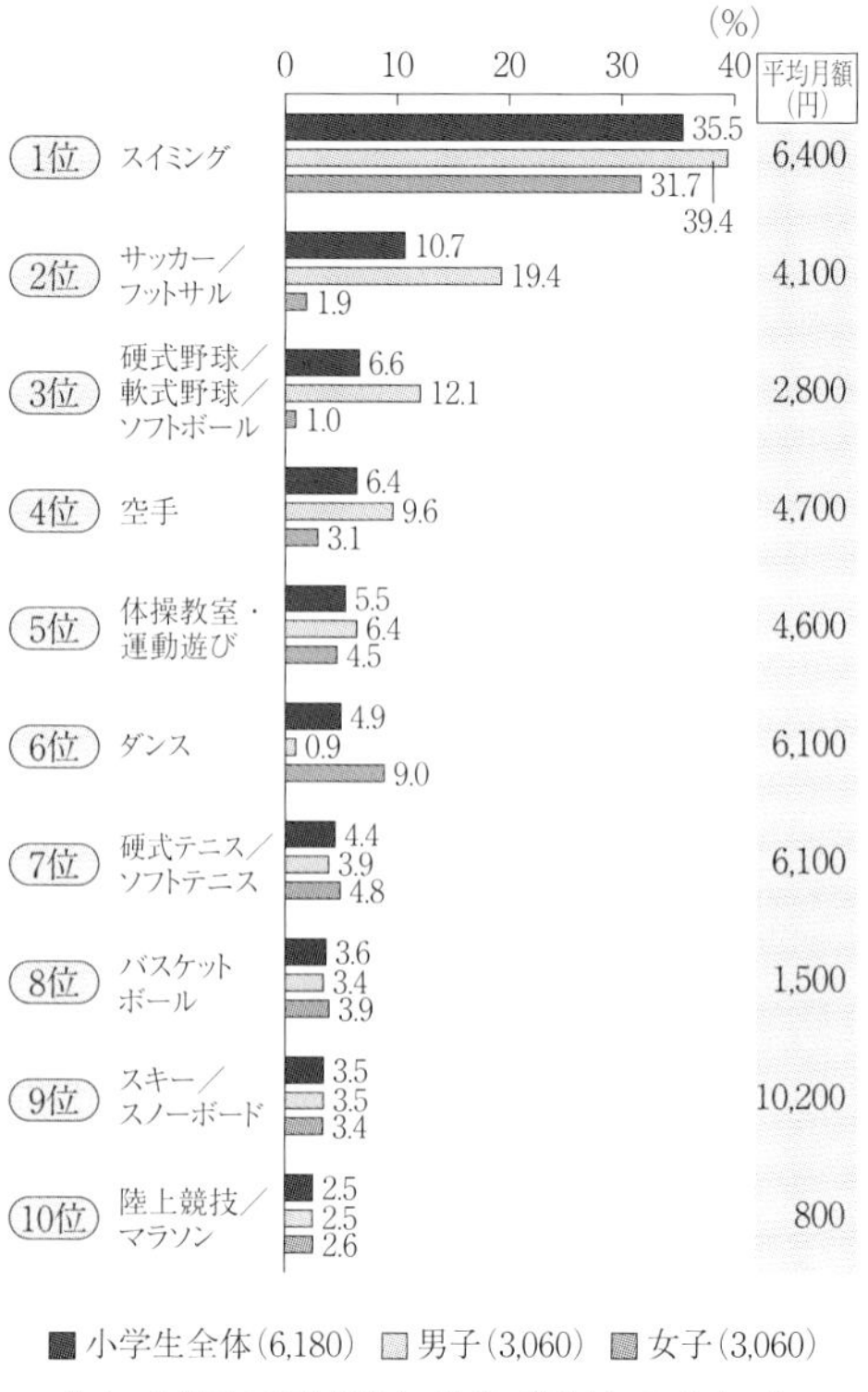

注1　各活動の平均月額は，該当の活動をしている人のみ。
注2　(　)内はサンプル数。

図 1-3　スポーツ活動のランキング（小学生・性別）
（Benesse 教育研究開発センター，2009）

体・教室」がほとんどで、スイミングやテニスは逆に「民間企業が経営する団体・教室」が主、サッカーは地域のものがやや多めですが両種類が挙げられていました。チームスポーツを代表する野球、サッカー、バスケットボール、バレーボールはボランティア主体の地域スポーツが主に担っていることは、片岡ら（2013）も指摘しています。

自由遊びの場が確保しづらくなった現代、子ども時代の運動・スポーツの重要性は多くの保護者に認識されているところです。先ほどのベネッセの調査によれば、「子どもにとって運動やスポーツは必要だ」という質問に対しては年収にかかわらず約98％が賛同しているものの、実際に定期的に運動をさせている程度には年収が大きく関係していました。たとえば、年収が８００万円以上の家庭と年収４００万円未満の家庭では、子どものスポーツ活動への参加に20％近く差があります。どちらの参加率が高いかというと、年収８００万円以上の家庭なのです。

つまり、身体をしっかり動かしてほしいという気持ちは年収にかかわらず強いのですが、実際には、運動・スポーツに関しては熱心な英才教育を受ける子どもとまったく運動・スポーツを行わない子どもとの二極化が起きており、そこに保護者の収入が関係しているのです。二極化のはじめのターニングポイントは8歳だと指摘されていますが（滝口、2011）、ジュニアを対象としたスポーツ教室の市場規模は近年増え続けており、小学生からのエリートアスリート養成が行われたり（読売新聞、2017）やスポーツ家庭教師という仕事が新聞で取り上げられたりするところまできています（読売新聞、2016）。

そのような意味では、それぞれの地域で子どもたちを集めて運営される地域スポーツは、日本の子どもたちが学校外で気軽にスポーツに触れる機会を提供するシステムとして有効だと言えましょう。そして、それを可能にしているのは、ほぼ無償で子どもたちの指導にあたっている指導者たちの存在が大きいでしょう。そのため、地域スポーツをさらに豊かな場にしていくためには、中心人物である指導者の資質を向上させ、その役割を継続してもらうことが重要にちがいありません。

次の章では、現代の日本のジュニアスポーツにおいて問題だと感じられる部分についてもう少し詳しく説明します。

第2章　ジュニアスポーツの問題点

アメリカ，カリフォルニア州での幼児向けサッカー教室の練習風景

前ページの写真は3、4歳の子どもたちが平日午後、広場に集まって練習をしている風景をおさめたものです。アメリカでは日本にも増してジュニアスポーツ熱が高く、スポーツを始める時期も低年齢化しているようです。その一方で、10歳頃をピークにスポーツ活動から離れてしまう子どもが多いことも危惧されています（コラム8参照のこと）。

1　ジュニアスポーツの問題点

前章ではジュニアスポーツの意義および重要性について見てきましたが、ここではジュニアスポーツの問題点について見ていきたいと思います。

日本では現在、多くの子どもが小学校低学年、あるいは幼児期から、民間のスポーツクラブや習い事、地域における少年サッカーや野球チームなどの活動に参加し、スポーツに親しんでいます。私たちが生涯にわたってスポーツに親しみ、スポーツ活動に楽しんで参加できることは、今や男女ともに平均寿命が80歳を超える長寿国に生きる私たちが、心身共に健康を維持し、元気に生活するために重要です。こうした生涯スポーツへの最初の入り口は、ジュニア期におけるスポーツ活動と言うことができます。つまり、子どもたちが将来、より良い形でスポーツと関わることができるかどうかは、ジュニア期におけるスポーツ体験がどのようなものであったのか、と大いに関連することになるでしょう。

子どもたちがより良い形でスポーツ活動を継続できることを願って、私たちの研究グループではジュニア期のスポーツの問題について保護者の視点、コーチの視点それぞれから調査を行ってきました。ここでは、まず、ジュニアスポーツの問題点について、いくつかの観点から考えていきたいと思います。

2　スポーツの低年齢化とバーンアウト

はじめに、スポーツ開始年齢の低年齢化とバーンアウト（燃え尽き現象）の問題について、取り上げたいと思います。現在、子どもを対象としたスポーツ系の習い事は数多くあり、多くの子どもたちが通っています。第1章でも取り上げたベネッセによる調査（2009）では、幼児期の子どもたちのスポーツの習い事について、4歳児では29・1％が、さらに5歳児になると49・3％が何らかのスポーツ活動に定期的に参加していることが示されています。スポーツの習い事は5歳前後から始めるケースが多く、半数近くの子どもが就学前に何らかのスポーツを始めていることになります。近年では、幼稚園や保育所と提携して体操教室やスイミングスクール、サッカーなどが行われているところもあり、幼児期からのスポーツ活動はますます過熱していると言えるでしょう。

こうしたデータから見ても、現在では、子どもたちがかなり早い時期から、スポーツ活動に関わることが多くなっていることが分かります。実際に幼児のスポーツ教室の広告や話題を耳にすることは多いですね。子どもたちの体力の低下が叫ばれている昨今ですが（それゆえとも言えるでしょうか）、早期から子どもにスポーツをさせる傾向はむしろ強まっているといえるでしょう。実際に、

スイミングスクールにて

小学校1年生で地元のサッカークラブに入っても、すでに幼稚園、保育園で習った経験がある子どもたちがけっこういることに驚きます。
　スポーツに早期の段階から親しむことは悪いことではありませんが（子どもは身体を動かすことが大好きです！）、この時期のスポーツ活動は、子どもの心身の成長に合った内容であることが重要です。世界で活躍するトップアスリートたちが幼少期からそのスポーツに取り組み、活躍している姿を見ると、子どもがスポーツを始める時期は早ければ早いほど良いと考えるかもしれません。しかし、この考え方には注意が必要です。身体が未成熟な幼少期の子どもたちに、早い時期から単一スポーツに特化したトレーニングをすることは問題も多いことが指摘されています。たとえば、岡野（2011）は、「スポーツの早期育成（早い時期に専門種目を絞って、厳しい専門的トレーニングを課すこと）は、初期のパフォーマンス（技能）は顕著な高まりを見せるが、やがては停滞したり低下してしまう」と指摘しています。なおかつ、このような過度なトレーニングは、オーバーユースによる傷害の可能性を高めたり、バーンアウトを引き起こしたりする危険性があります。実際に、日本体育協会スポーツ・医科学研究所（1989）の調査では、小学生の1週間単位の練習量について、週14時間以上練習をしている子どもたちは、週4時間の練習時間である子どもたちのおよそ3倍の傷害の発生率（21・3％）であることを報告しています。

　こうした早期の過度な専門トレーニングの予防として、アメリカのジュニアを対象とした地域スポーツはシーズン制を採用しており、たとえば12～3月はバレーボール、3～7月はフラッグフットボール、8～11月はサッカーなど、スポーツの種類を変えて特定の時期のみ実施されます。このような形は、子どもたちのオーバーユースによる身体的疲労を防ぐとともに、コーチにとっても、期間限定で指導をするため（アメリカの地域スポーツも日本の地域スポーツと同様、コーチはボランティアが基本です）、新鮮な気持ちで指導ができるといったメリットがあるようです（渡辺、2009）。

　日本でも多種目のスポーツ、かつ多世代の人々が活動できる総合型地域スポーツクラブの育成がスポーツ庁の主導で取り組まれていますが、こちらはあまりわが国の地域スポーツ活動にはなじまないということでしょうか。日本ではまだまだ、従来からある単一スポーツ型（サッカーならサッカー、野球なら野球のみを行う）のチームが中心と言えます。

　また、スポーツは、多くの種目において試合があり、勝敗を競います。特にチームスポーツでは、個人のパフォーマンスがチームの勝敗に影響を与えますし、また、レギュラーになれるかどうかといったチーム内での競い合いも明確に出てきます。適度な競争意識は子どもの発達にとって良い刺激となるでしょう。しかし、指導者や保護者が勝利にこだわりすぎたり、ミスを厳しく叱咤したり、チーム全体に失敗が許されない雰囲気があったりすると、子どもたちは日々プレッシャーにさらされることになります。そうなると、そのスポーツを楽しんでプレーすることは、もはや難しくなってしまうでしょう。

スポーツの低年齢化によって注意すべきことは、過度な専門的トレーニング等、身体面での影響もさることながら、実は、精神面の影響も大変大きいのです。というのも、年齢が小さければ小さいほど、子どもにとって大人の態度や言葉は大きな意味を持ちます。思春期の子どもであれば、大人の言うことがおかしいと思えば、ある程度反抗したり、拒否したりすることもできますが（とはいえ、スポーツの指導者と選手の間では年齢が上がってもそれができにくいことが様々な問題を引き起こしていることは指摘されています）、児童期、あるいは幼児期の子どもにとって、大人の言うことは絶対です。大人が求めていることが子どもにとって過剰な要求になっていないか、強制になっていないか、見直す姿勢がとても大事です。

土屋（2011）は、スポーツの早期専門化のリスクとして、バーンアウトの問題を取り上げています。バーンアウトとは、長期にわたって目標達成に努力してもそれが十分に報いられなかったときに生ずる、情緒的・身体的な消耗状態を示す用語です。

我々が行った調査において、チームスポーツに参加する小学生のチーム参加満足度にどのような要因が影響を与えているのかについて分析したところ、興味深い結果が得られています。まず子どもの満足度に対してもっとも影響が大きいのは、コーチが子どもの能力を伸ばすような関わりなどポジティブな指導を行っていることでした。コーチの指導法が子どもの満足度に一番影響を及ぼすことは、納得のいく結果と言えるのではないでしょうか。

ところで、この研究はその先が興味深いのですが、その次に影響のあるものとして、保護者間の「レギュラーをめぐる争いがないこと」と、チームが「勝利至上主義（上手な選手／レギュラー選手のみ大事にされる、勝つことがもっとも優先されるなど）でないこと」でした。この結果は、子どもたちが大人の評価をいかに気にしているか、大人の勝利へのこだわりや、レギュラーになれるか否かでやきもきしている姿が、いかに子どものモチベーションを下げるかを表していると言えるでしょう。

小学校高学年にもなれば、周りの子どもと比べて自分の能力がどうであるのかといったこともある程度分かってきますし、挫折を経験することも出てきます。そうした中で、子どもによっては、もうそのスポーツを続けたくないと考えて、ドロップアウトしてしまうこともあるかもしれません。このような早期のドロップアウトは、生涯スポーツという観点からみると非常に残念なことです。子どもたちの心身の成長を考えると、むしろ、中学生、高校生と身体が大きくなる時期にこそ、スポーツ経験は重要ですから、小学生のうちに「スポーツ嫌い」になってしまうことは大変もったいないことです。

3　スポーツへの取り組みの二極化

前節ではスポーツの低年齢化、過熱化といった部分について見てきましたが、一方で、昨今、スポーツをしている子としていない子の二極化が問題視されています（文部科学省，2012）。子どもたちの体力・運動能力の低下は依然として言われていますが、実は、より詳細に見ていくと新たな問題も見つかるのです。というのも、幼児期から熱心にスポーツ活動に参加し、運動能力を向上させている子どもたちと、学校の体育の時間以外の運動の機会をほとんど持たない子どもたちと、その差が広がっているというのです。

どうしてこのような二極化がおきているのでしょうか？　１つには、子どもの志向性（興味の向き）があることと思います。スポーツ、あるいはもっと広く言うと身体を動かすことが好きな子と、あまり好きではなくて、身体を動かすよりもじっくりと何かを作ったり、本を読んだりすることの方が好きという子はいるでしょう。また、性差による違いもあり、幼児期、児童期と男子の方がスポーツの習い事をしている率は高いことが分かっています（笹川スポーツ財団、2015）。中学校・高校の運動部加入率も男性の方が高いのです（Benesse 教育研究開発センター、2008）。こうした性差は、男の子にはよりスポーツをやらせたい、という保護者側の期待の反映かもしれません。しかし、子どものスポーツの機会の二極化の理由として、子どもの志向性だけでない深刻な問題もあるようです。

第1章でも少し触れていますが、保護者の年収と子どものスポーツ活動の関連について、世帯年収によって、子どものスポーツの参加率が違うことが見いだされています（佐藤、2009）。具体的には、世帯年収を3つの群に分け、年収４００万円未満の家庭では子どものスポーツ参加率は47・２%、４００～８００万円未満では58・２%、８００万円以上では64・７%という結果が得られています。４００万円未満と８００万円以上では、実に17・５%もの開きがあるのです。保護者の年収によって子どもの「運動格差」が生じているというのは憂慮すべき問題でしょう。

スポーツにかかる費用について、もう少し見ていくと、民間のスポーツクラブでは月謝がかかるうえ、スポーツの種類によっては、ユニフォームや道具を一式揃えたりするために、出費がかさんでいきます。Jリーグの下部組織であるサッカークラブに所属する小中学生の保護者への調査では、小学校低学年からクラブやスクールを掛け持ちして活動している子が多いことを指摘しています。小学校低学年でも週4日以上サッカースクールに通う子どもが27・3％おり、学年が上がるにつれてその割合は増えていきます。なお費用面では、学年が上がるごとに活動費が上がっていき、中学生の保護者の半数以上が月額支出2万円以上だと答えています（飯田、2013）。これらの支出を、保護者はやはり大きな負担と感じる場合も多く、特に世帯年収が400万円未満の群では75・3％の家庭が「スポーツ活動にかかる費用の負担が重い」という設問に、「とてもそう思う」あるいは「まあそう思う」と答えています（年収800万円以上の世帯では「とてもそう思う」と「まあそう思う」合わせて49・1％）（佐藤、2009）。

4　ジュニアスポーツにおける大人の関与
――地域スポーツの指導と運営は誰が担うのか？

前節ではスポーツの二極化と費用の問題について取り上げましたが、こうした金銭面での負担が比較的少ないスポーツ活動というと、いわゆる地域スポーツと言われる地元の野球やサッカー等のチームになるでしょう。これらのチームは、金銭的な負担が比較的少なく、近隣の小学校などを利用して活動していることが多いことから、子どもたちが気軽に参加しやすいといえます。現在、わが国では各地に小学生対象のサッカー、野球、ミニバスケットボール（略称ミニバス）などのチームが多く存在します。

しかし、これらの地域スポーツは、ボランティア主体で運営されていることから、保護者も当番や役員、場合によっては指導者など、様々な形で運営に協力することが求められることになり、子どもとともに保護者も一緒にその活動に関わることが多くなる側面があります。地域スポーツの具体的な運営方法やその効果については、ある少年野球団について参与観察した藤田（1995）が参考になります。この研究では、団のスムーズな組織運営に欠かせないのが集団のリーダーとなる大人達の無償の多大な時間とエネルギーの投資であることが示されています。こうした親子での参加は、子育てネットワークの拡大（Na. 2015）など、良い側面もありますが、負担を感じることも多々あるでしょう。また、保護者同士の関わりが増えることにより、人間関係等のストレスが生じることもあります。東京都東部でお子さんの野球チームの代表の役についているある母親は、この活動について「私は満足しているんです。でも、大変って外からのイメージが悪くって、あまり入ってくれる方がいないんですよね」と話してくれました。このチームでは、人数不足対策として低学年のうちは保護者の当番はさせず、さらに練習時間も短くすることで間口を広くとり、「気軽に参加できる少年団」イメージを作ろうとしているそうです。

ここで、私たちが数年前ジュニアスポーツに参加している子どもの保護者約９００名（母親６００名、父親３００名）を対象に行った調査についてご紹介しましょう。この調査では、子どもが小学校4～6年生時にチームスポーツ（野球、サッカー、バスケットボール、バレーボールなど）に参加していた全国の保護者を対象としていました。子どもが所属しているチームの強さについては、県大会以上の強いチームから地区大会以下の弱いチームまでさまざまでした。回答に不備のあった人を除く母親586名（平均年齢44・37歳）父親287名（平均年齢46・98歳）の計873名について分析しました。

この調査ではさまざまなことを尋ねたのですが、地域スポーツの困難について保護者に自由に書いてもらったところ、さまざまな声を聞くことができました。得られた記述内容について、同種類の内容ごとにまとめたものが表2‐1になります。調査の記述の結果から地域スポーツの問題は大きく、「指導者に関する内容」、「チームの方針」「親の関わりの問題」、「環境的要因」の4つに分けることができました。その中でももっとも多く挙がっていた内容が、「親の当番の負担」、および「親同士の人間関係」など、保護者の関わりについての内容でした。地域スポーツはボランティアベースのため、保護者のある程度の負担はやむをえないとはいえ、「（当番等を）やらない人がいる」「一部の人に負担がかかりすぎる」など、負担の不公平感があることが問題として挙げられているようでした（井梅・大橋ら、2017）。

さらに、指導者不足に関連する問題も深刻です。表中では「指導者不足」、「指導者の指導力不足」、あるいは「親がコーチをしていること」などのカテゴリーでまとめましたが、誰がコーチになるのかについても、地域スポーツの難しい点と言えそうです。我々の指導者対象の調査では、指導者の約半数がわが子がチームに所属している（あるいは過去に所属していた）「パパコーチ・ママ

表 2-1　地域スポーツの問題（父母別）

		全体		父親 (N=300)		母親 (N=600)	
		度数	(%)	度数	(%)	度数	(%)
	なし，わからない	210	(23.3%)	86	(28.7%)	124	(20.7%)
コーチに関する内容	コーチ全般	9	(1.0%)	6	(2.0%)	3	(0.5%)
	コーチの暴言・ひいきなど	42	(4.7%)	11	(3.7%)	31	(5.2%)
	指導者と親の価値観のずれ	16	(1.8%)	5	(1.7%)	11	(1.8%)
	親がコーチをしていること	17	(1.9%)	2	(0.7%)	15	(2.5%)
	指導者不足	32	(3.6%)	16	(5.3%)	16	(2.7%)
	指導者の指導力不足	38	(4.2%)	15	(5.0%)	23	(3.8%)
チームの方針	勝利至上主義	19	(2.1%)	9	(3.0%)	10	(1.7%)
	チームが弱い	12	(1.3%)	8	(2.7%)	4	(0.7%)
	能力のばらつき	25	(2.8%)	8	(2.7%)	17	(2.8%)
親の関わりの問題	親の関わり全般	16	(1.8%)	2	(0.7%)	14	(2.3%)
	当番等の負担	97	(10.8%)	16	(5.3%)	81	(13.5%)
	親同士の人間関係	42	(4.7%)	7	(2.3%)	35	(5.8%)
	親の過干渉	79	(8.8%)	20	(6.7%)	59	(9.8%)
環境的要因	環境的要因全般	27	(3.0%)	10	(3.3%)	17	(2.8%)
	子どもの人数の不足	62	(6.9%)	27	(9.0%)	35	(5.8%)
	練習場所の不足	20	(2.2%)	3	(1.0%)	17	(2.8%)
	コスト	26	(2.9%)	13	(4.3%)	13	(2.2%)
	練習時間が短い	7	(0.8%)	1	(0.3%)	6	(1.0%)
	練習時間が長い	14	(1.6%)	4	(1.3%)	10	(1.7%)
	ボランティアゆえの限界	18	(2.0%)	7	(2.3%)	11	(1.8%)
子ども同士の問題	子ども間トラブル	9	(1.0%)	1	(0.3%)	8	(1.3%)
	その他	63	(7.0%)	23	(7.7%)	40	(6.7%)

コーチ」で、残りの半数はそれ以外の経歴を持っていました。また、同調査では、指導者の有資格者は15％程度で、子どもの心身の発達についての知識に不足を感じている指導者も多いことが分かりました。ボランティア指導者は、仕事を持ちながら週末等に指導者として活動している人が多く、研修等を受けるのもままならないのが現状でしょう。チームの他のコーチとのコミュニケーションや、他の保護者とのコミュニケーションで困難を感じることもあるようでした。子どもたちのスポーツ環境を守るために、地域スポーツにおける保護者やボランティア指導者の存在は重要ですが、どのように運営をしていくかについては課題も多くありそうです。

5　ジュニアスポーツにおける体罰の問題——スポーツにおける攻撃性

最後に、ジュニアスポーツの問題点として、体罰、および暴言の問題を取り上げたいと思います。記憶に新しいところでは、２０１２年12月、大阪の桜宮高校のバスケットボール部での体罰事件がニュースで大きく取り上げられ、また、時を同じくして全日本女子柔道の強化指定選手らによる監督らの暴力行為の告発が世間をにぎわせました。中学校時代都内のクラブチームで野球をしていた男性も、指導者について、「『ミスをしたら殴るぞ』というような、プレーに関する脅迫をされた」と話してくれました。こうした事態を受けて、スポーツ指導における体罰、暴力根絶に向けた取り組みは、国をあげてなされています。それにも関わらず、指導者の暴力をめぐる問題は根が深く、なかなかなくならないというのが現実です。ところで、この体罰の問題について、ジュニアスポーツ、特に小学生を対象にしたスポーツではどのような現状なのでしょうか。

「はじめに」でもご紹介したように、日本サッカー協会（ＪＦＡ）は、２０１3年6月から、指導者などの差別や暴力を対象とした「暴力根絶相談窓口」を設置したところ、２０１6年末までに３０４件の相談があり、そのうち、小学生が被害者のケースが１４5件（47・6％）であったことを報告しています。年別に見ると相談窓口が設置されてから3年半、相談件数は横ばいで減ってはいません。小学生が被害にあった内訳は、「直接的な暴力」が37・2％と最も多く、次いで「暴言や威嚇」で35・1％となっています（朝日新聞、2017）。

体罰の問題については、これだけ世間で「絶対にいけない」「暴力根絶」との方向性が示されているのに、なぜなくならないのでしょうか？　ここでは、いくつかの観点から考えていきたいと思います。

まずはじめに考えたいのが、スポーツというものの特性と言えるでしょうか、スポーツにおける攻撃性についてです。子どものスポーツを応援している保護者の姿などを見ていると、応援に熱が入りすぎて、思わず声を荒げてしまったり、攻撃的な言葉が出ていたり、といったことを見かけることがあります。そもそもスポーツは勝敗を競うものであり、相手を負かすこと、倒すことが自分たちの勝利なのですから、自然と私たちの攻撃性を引き出してしまうのでしょう。また、こうした傾向は保護者に限らず、指導者にもありそうです。中学校の部活動では教員が顧問を務めることが多いですが、普段、教室での指導では特に声を荒げることもなく、適切な指導をしている人が、部活動に行くと急に荒っぽくなり、暴言が出る、といったことも聞きます。こうした競技に熱中するあまりつい出てしまう攻撃性は、勝利へのこだわりが強くなればなるほど起こりやすいと言えますし、一般に、強豪校ほどその傾向は強くなると言えるでしょう。

2点目に、スポーツ指導における体罰をめぐる調査について紹介します。この調査では（朝日新聞、2006）、現在の指導者となっている人たちが、自分たちが指導を受けていた頃に体罰を受けた経験がある人が多く、体罰を受けたことに対して「自分のためになった」「当時は嫌だったが、今はためになったと思う」など、肯定的に受け止めている人が多いことが見出されています。そして、このように肯定的に受け止めている人ほど、自分自身も体罰をする傾向があります。実際、大学生を対象とした調査で、「体罰を受けてその後どうなったか」について尋ねたところ、「精神的に強くなった」という回答がもっともよく選ばれており、その傾向は男子の方に特に強いことが示されています（全国大学体育連合、2014）。こうした結果からも、日本ではスポーツ活動は「精神力の強化、向上」のための手段と考える根性論の考え方が根強く、レクリエーションとしてのスポーツの捉え方とは程遠いことが分かります。

現在、体罰撲滅に向けた取り組みはスローガンのように言われていますが、一方で、現在の指導者の中には、自分自身が体罰を経験している人が多く、なおかつ、日本では世間全体の風潮としても体罰をやむを得ないとする「容認論」がまだまだ根強いと言えるでしょう。体罰を本当の意味で撲滅していくためには、こうした意識の改革が必要と言えます。

第3章　ジュニアスポーツにおける指導者

指導者との練習場面の1コマ

1　ジュニアスポーツにおける指導者の役割

ジュニアスポーツにおいて、指導者が子どもたちに与える影響はたいへん大きく、子どものみならず保護者も含めた周囲の人々の価値観・スポーツ観にも影響を与えると言われています。もちろん、他の時期においても指導者の影響力は大きいものです（Chelladurai, 2007；Horn, 2008など）が、ジュニア期の場合、そのスポーツにはじめて触れる機会となることも多いため、その際の指導者の指導法あるいは関わり方は、その子どもがその競技を好きになるかどうか、さらには、中学や高校、それ以降もその競技を続けていきたいと思うようになるのか、あるいは、ジュニア期だけで十分、もうやめたいと考えてしまうのか、スポーツへの姿勢を決定づけるといっても過言ではないでしょう。

ジュニア期にスポーツを続けるモチベーションとしてもっとも大きいと言われるのは運動有能感です。運動有能感とは、運動の上達や成功体験によって形成される「自分にはできる」「やればできる」という感覚のことで、運動に対する自信とも呼べるものです。子どものうちは運動有能感が、全体的な自己評価の中心になることもあると言われています。

子どもの有能感形成には、身近な大人たちからのフィードバックが多大な影響を及ぼします。特に年齢の低いうちにこの影響は大きいのですが、「がんばっているね」「できたね」など肯定的な評価を受けることで子どもの有能感は高まりますが、反対に否定的な評価を受けたり何の評価も得られなかったりすると、無力感を形成してしまい（コラム2参照）、積極的に運動しようという気持ちも弱くなってしまいます。もちろん毎回すべてを褒めるわけにもいかないでしょうから、1つ否定的なことを言うときには5つ褒める（トンプソン、2017）ことを心がければ十分でしょう。特に結果ではなく過程（プロセス）に注目して褒めることが効果的です。そのようにすることで、「努力の大切さ」を伝えることができます。

具体的な方法については、第4章で詳しくご紹介することにして、この章では指導者とは何か、指導者の役割について考えてみたいと思います。

その競技が得意な人が指導者になっているケースをよく見かけますが、良い選手が必ずしも良い指導者になるわけではありません。自分でプレーすることと他の人に教えることは別であり、他の人の動機づけを高めたり教えたりすることについては特定の技術が必要です。

最近ではすっかり定着してきた「コーチング」という言葉ですが、コーチ（coach）とはもともとある目的の場所に連れていく手段のことを指し、そのため馬車を示すためにも同じ単語を使います。このように、コーチングのもともとの意味はある目的の場所に誰かを連れていくことでしたが、転じて、「質問を中心とした対話によって相手の目標達成を図るコミュニケーション」とされています（日本コーチ連盟HPより）。コーチングは、保護者・先生・管理職など上の立場にある人が子・生徒・部下などを豊かな知識や経験に基づいて目標達成へと導くティーチングとは異なります。ティーチングでは、指示や答えを与える形のコミュニケーションが使われがちですが、コーチングでは「答えを創り出す」サポートを行います。

スポーツ指導においても「コーチング」という語が聞かれるようになって久しく、スポーツ場面においてどのようなコーチングが効果が高いのかを検討するために、指導者の効果的な行動を測定する尺度も開発されつつあります（Bolter, & Weiss, 2013）。

ここでは、指導者の役割にはどのようなものがあるかを見ていきましょう。

はじめに、海外における古典的な調査をご紹介します。スミスたち（Smith et al., 1977）は、練習や試合での指導者の行動を以下の12のカテゴリーに分けています（Coaching Behavior Assessment System:CBAS）。まず、試合中の選手の望ましいパフォーマンスへの反応として、①強化（褒めるなど言語的・非言語的報酬）、②非強化（無反応）。つぎに、試合中の選手のミスへの反応として、③励まし、④技術指導（失敗を修正する教示・示範）、⑤罰（言語的・非言語的ネガティブ反応）、⑥懲罰的技術指導（④＋⑤）、⑦失敗の無視（無反応）。その他として、⑧チームの秩序を保つための指導力の発揮、⑨一般的技能教示（ミスとは関係なく、技能や戦略についての自発的な教示）、⑩一般的励まし（失敗とは関係なく、自発的な励ましの行為）、⑪組織管理（プレーに向けて、義務、責任、ポジションの指示などの管理的行動）、⑫一般的コミュニケーション（試合や練習とは関係がない状況での選手との関わり）です。

これらの12カテゴリーをもとに、スミスたち（Smith et al., 1978）は、51の少年野球チームの計202試合を観察する大規模調査を行いました。具体的には、指導者の試合中の行動を得点化して、子どもたちの反応との関係を調べています。その結果、どのようなことがわかったでしょうか。望ましいパフォーマンスや努力を適宜褒めたり認めたりし、ミスに対しては励ましてさらに技術的な

指示を与える指導者のもとでプレーした子どもたちは、指導者に友好感を持ち、試合を楽しみ、チームメートとも友好的であるという好ましい結果が得られたのです。その上、技術的なミスや問題行動に対する指導が多い指導者の下でプレーした子どもたちは練習意欲・満足度がともに低いことや、試合の勝敗よりもコーチング行動の方が子どもたちの態度に影響していることも示されています。

つまり、指導者には、まずスポーツを行う者としての規範を示し、適切な行動を褒め不適切な行動を戒め、さらに精神的にも支えになるという役割があって、この後の調査でも類似の結果が得られています（Bolter & Weiss, 2013; Jarvis, 1999; 工藤・平田訳, 2006）。ここからわかるように、指導者の役割は、専門家であり、規範であり、カウンセラーであり、管理者でもあるというように多岐にわたっているのです。

また、個人主義的な欧米で特に焦点が当たっているのですが、スミスのカテゴリーでは「その他」に当たる、選手である子どもたちと良好な関係を築き、チームへの所属意識を高めることもまた重要な役割の一つとされます。実際、成功を収めるチームは集団凝集性が高い傾向があります（Carron, 1982）。集団凝集性とは、集団のメンバーたちが集団に対して持つ魅力の総体を指し（ホッグ、1994）、これが高いと集団はまとまっていることになります。一回の調査だけでは、凝集性が高いから勝つのか、それとも勝つから凝集性が高まるのかはわかりません。ただ、たとえば、大学のホッケーチームを対象に行われた調査によれば、シーズン初期の凝集性がシーズン末期の成績に影響を与えていました。つまり、凝集性が高いために勝利を収め、勝利を経験したためにさらに凝集性が高くなるという正の循環が見られたのです（Slater & Sewell, 1994）。これらの研究から、チームの凝集性を高めることが大切であることがわかります。そのため、技能の伝達も必要ですが、チーム内の円滑な人間関係の形成にも指導者は気を配る必要があると考えられます。

2　子どもと保護者に対する指導者の影響力

子どもたちとの関わりの中で、リーダーである指導者は、子どもたちのその種目における技術の上達のみならず、動機づけや自分についての認知、チームの雰囲気などにも影響を与えることになります。指導者が否定的な関わりをしてしまうと、子ども同士の否定的な関わりを作り出してしまう傾向があるため、注意が必要です。

小学生の意見や考えとリーダーの言動の関係を見た研究は見当たりませんでしたが、中学生・高校生の部活動に関してこのテーマで行われた調査がいくつかあるのでご紹介します。

たとえば、高校時代の部活動経験について思い出して答えてもらった大規模調査（長谷川、2013）

は、指導者による体罰が生徒間の暴力や実力が低い者に対する見下しや蔑み行為を促進することを示しています。また、中学時代の部活動経験について思い出してもらった調査（藤後・大橋・井梅、2018）ではこのあたりをさらに詳しく見ています。まず経験頻度ですが、指導者（顧問やコーチ）との嫌な体験があると答えた者は約3割いて、具体的な内容として「失敗すると必要以上に怒られた」「ため息や舌打ちをされた」「『ばか』など人格を否定するような言葉で怒鳴られた」などという、指導者からの否定的なフィードバックが多く挙がりました。そして指導者が部員を怒鳴る、叩く、馬鹿にするなどの否定的な関わり方をしていると、部員間に競技レベルが高いほうが偉いという格差感が高まり、部員同士の関わりに否定的な行動（悪口を言う、声をかけない、相談に乗らないなど）が目立つという関係が先の研究と同様に見られました。

「不登校に関する実態調査：平成18年度不登校生徒に関する追跡調査報告書（注　平成18年度に公立中学校第3学年に在籍していた生徒のうち、年間30日以上欠席していた者計4万1043人を対象に平成23－24年にかけて行われた調査）」（不登校生徒に関する追跡調査研究会、2014）によれば、学校を休み始めた時のきっかけとして中学3年生時に不登校であった生徒の約23％が部活動の問題を挙げています（それより多いものは、友人との関係、生活リズムの乱れ、勉強がわからない、先生との関係）。これは部活動が学校に行かなくなるほどの嫌な経験になる可能性があることを示しています。一般に年が幼いほうが大人の影響を大きく受けます。そのため、小学生以下では、指導者の影響力はさらに大きいことが予想されるため、指導者が適切な対応をできるかどうかは特に気を付けるべき問題なのです。

表3-1　スポーツ・ペアレンティングの種類

受容／応答型
- 権威主義スタイル
  - 保護者としての要求を明確に提示しながらも，子どもへは応答的に対応する。
  - 例）目的を持って練習するように促す，指導者に質問に行くように促す，など。
- 自律支持的スタイル
  - 子どもに選択肢を与え自己決定を促しつつ，その内容を一緒に検討していく。
  - 例）うまくなる方法などについて，保護者を頼らずに自分で考えるように促す，など。

要求／支配型
- 支配的スタイル
  - 保護者が過度にスポーツに関わる一方，子どもへの応答性が低く要求が高い。
  - 例）親主導で毎回試合について反省させる，子がプレーでミスした時は，遊ぶ時間やおこづかいを制限するなどの罰を与える，など。

指導者の振る舞いは、親子関係にも影響します。この節では、指導者の影響力について、私たちが行った調査の結果を紹介しながら、考えていきたいと思います。

ここでキーワードになるのが、「スポーツ・ペアレンティング」です。ペアレンティングは、一般に、親（保護者）として子どもを世話し育てることを指しますが、子どものスポーツ場面にまつわる子育てスタイルとそれが関係する親（保護者）の子どもへの関わり方のことを「スポーツ・ペアレンティング」と呼びます（Holt, Tamminen, Black, Mandigo, & Fox, 2009）。

スポーツ・ペアレンティングは、受容／応答型と要求／支配型の2種類に大別されます。理想的なものは、保護者としての要求を明確に提示しながらも子どもへは応答的に対応するという権威主義スタイルや、子どもに選択肢を与え自己決定を促しその内容を一緒に検討していく自律支持的スタイルとされている一方、不適切なスポーツ・ペアレンティングは、保護者が過度にスポーツに関わるけれども子どもへの応答性が低く要求が高い支配的スタイルとされています（Harwooda, & Knight, 2015）。

支配的スタイルは、子どもにとって大きなストレス源になります（Brustad, 1993；石井、2011）。確かに他の人から「ああしなさい」「こうしなさい」と言われ、やっているかどうか監視されたり、できなかったときにいちいち指摘されたりするのはいやなものですよね。子どもだってそうです。たとえば、試合後の以下のようなやりとりが支配的スタイルの例に当たります（サッカーあるいはバスケットボールの試合帰りを想定しています）。

保護者「今日の試合はどういうつもり？　ぜんぜんやる気が見えなかったよ」
子「え〜。ちゃんとボール追いかけていたよ」
保護者「ちゃんと走り切れていなかったし、パスミスしていたじゃない。帰ったら自主練しなさい」
子「今日は疲れたよ」
保護者「うまくなりたいんでしょう？　じゃあ頑張らなくちゃ」

このケースで保護者は、自分の子どもには子ども自身のためにしっかりやって成果を出してほしいという気持

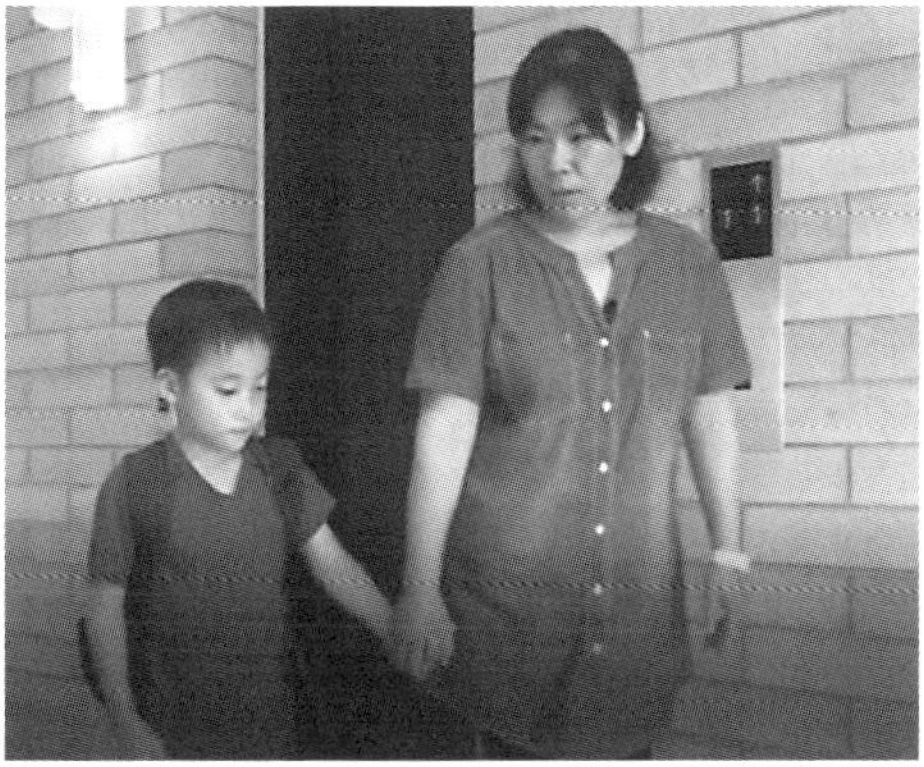

写真 3-1　試合後の親子

ちがあって、それが強まってしまい、このような支配的スタイルをとってしまったようです。ただ、この例のように、保護者が子どもの気持ちを推測し、結論を誘導してしまうと、「やらされている感」が強くなり、子ども自身が自主的に考える気持ちが育ちません。モチベーションを高めるには「自分が状況をコントロールしている」という感覚が大切ですので、これはあまり良い状態ではありません。次章で具体的にお話ししますが、本人が自分で選んで自分で考えている状況を少しでも作っていくことをお勧めします。

さて、このスポーツ・ペアレンティングに指導者の関わりかたがどのように影響するかを検討した調査（第2章4節で紹介した保護者象調査）をご紹介しましょう。ジュニアスポーツに参加している子どもの保護者約９００名弱に行ったオンライン調査ではさまざまなことを尋ねましたが、メインは地域スポーツでの否定的な体験と自分の子どもへの対応との関係にありました。つまり、地域スポーツで保護者本人および子どもがいやな経験をどのくらいしているかを尋ね、それが子どもに対する行動にどのように影響してくるかを見ました。

まず、地域スポーツにおいてのいやな体験を自由に記述するように求めると、半分くらいの保護者が何か書いてきます（大橋・井梅・藤後、2015）。その内容は、自分の子どもに関すること（怪我やミス、うまくならないこと）がもっとも多いのですが、その次に多いのは指導者に関すること、たとえば「コーチからの罵倒」「きちんと評価してもらえていないこと」「スターティングメンバーから外された」などでした。それから、スポーツの世界では、子どもでも大人でも「強い者」の意向が優先されやすいと言われています（永井、2004）。つまり子どもがレギュラーではなかったり、レ

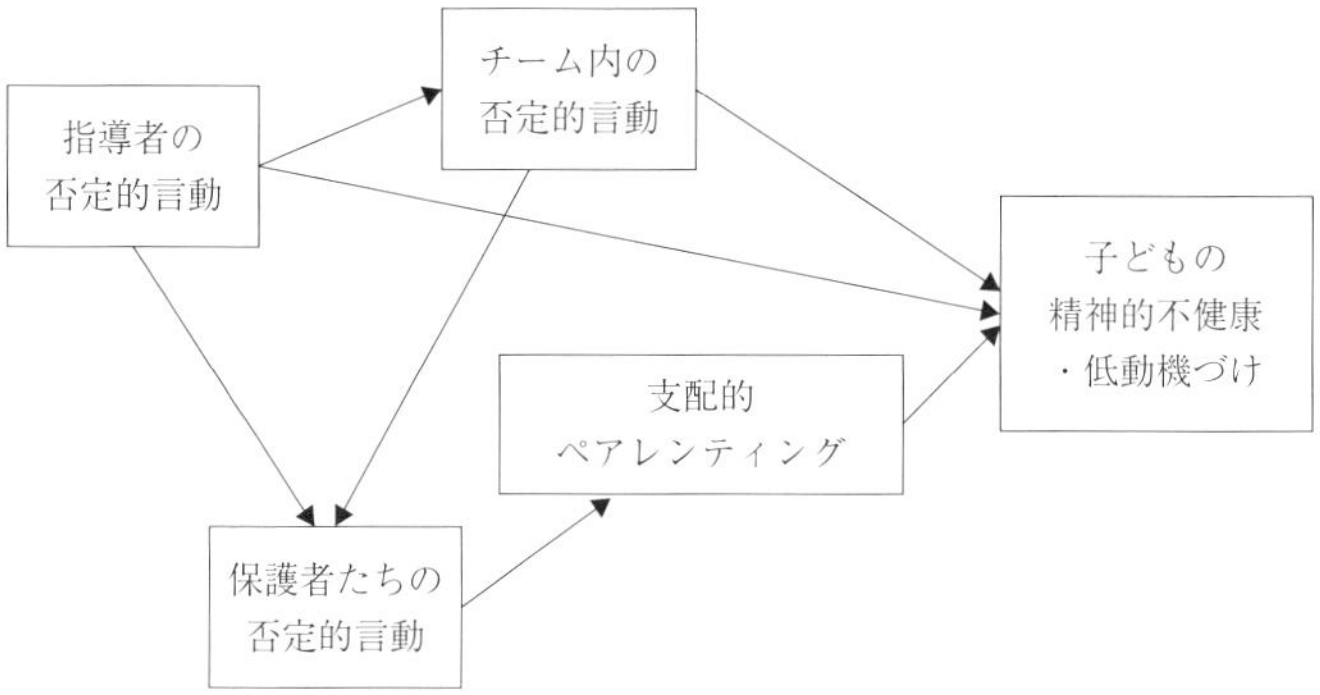

図3-1　指導者の否定的言動の影響

ギュラーではあっても試合に出られるかどうかボーダーラインであったりすると、ミスを応援席やコーチから指摘されることが多くなります。そしてそのような指摘や批判を目の当たりにした、その子どもの保護者が肩身の狭い経験をすることが多くなってしまうのです。私たちの調査でも、レギュラーではない子どもは、コーチからの叱責や仲間からの無視など不当な扱いを受ける割合が高く、そのことにより保護者も傷ついていることが明らかになりました。

　次に、因果関係を分析しました。その結果をまとめたものが図3-1です。左の方から見ていっていただきたいのですが、指導者が過度に厳しく否定的な場合、子どもたちの仲間関係に上下関係ができたり部内いじめが起こったりなどチーム内で否定的な言動が増え、また、応援席の保護者たちも野次を飛ばすなど否定的な言動が多くなっていました。そして、保護者達の否定的な言動が多いと、たとえば自分の子がミスをしたら責められるといった状況だと、保護者は自分の子どもに対して支配的な関わりを行う（過度に練習を強いたり、試合後にしっかりと振り返りをさせたりするなど）傾向が見られました。これは、チームの批判から子どもを守るためであると同時に、子を通した保護者自身の自己評価を下げないための防衛的態度であるとも解釈できます。ただ問題は、図の一番右の部分に示されていますが、その後の子どもの精神的な健康や動機付けに影響が出た点です。具体的には、指導者の否定的な言動から端を発するこのような支配的ペアレンティングの結果、子どもは神経症的になり、その競技に対するやる気が低下する傾向が見られたことです。また、指導者の否定的な言動は直接子どもの精神的健康や動機づけに影響してもいました。つまり、いわゆるバーンアウトの原因の一端に指導者の否定的な言動があることを示します。

以上さまざまな研究から、指導者の影響力の大きさが実証されていると言えましょう。

３　ジュニアスポーツの指導者の現状

どのような人たちがジュニアスポーツで指導者役を務めているのでしょうか。スポーツクラブの指導者のデータはありませんが、地域スポーツや中学校の部活動で指導している人を対象にした調査結果がありますので、紹介します。

安い月謝で間口を広くとっている日本の地域スポーツにおいて、多くの指導者（監督、コーチ、先生など様々な名で呼ばれます）はボランティアまたはそれに近い条件で指導をしています。また、その役割につくために特定の資格や研修は必要とされないケースが大半です。日本スポーツ協会（２０１７年度までは日本体育協会）には公認スポーツ指導者制度があり、指導員（地域スポーツクラブ等において、スポーツにはじめて出会う子どもたちや初心者を対象に、競技別の専門的な知識を活かし、個々人の年齢や性別等指導対象に合わせた指導にあたる方のための資格）、コーチ（各競技団体の都道府県レベルにおける競技者育成を担当する方のための資格）等の資格が取得できる研修が準備されています。指導員は15万人以上、コーチは1万5千人以上の登録があります（日本体育協会、2015：この数字は64種目を合計した数でプロ対象の指導者も含みます）。けれども、地域スポーツで活躍している指導者のうち指導者資格を保持している者は少数だと思われます。たとえば、以前に私たちがボランティアでジュニア対象のスポーツを指導している方に行った調査（大橋ら、2017）では、その種目のコーチ資格、スポーツ指導員、教員免許等、子どものスポーツ指導に関する資格を持っている指導者は15％程度でした。

そのため、子どもについての十分な理解や科学的なトレーニング法や適切なコミュニケーション法等に関する教育を受けないまま指導者を務めている方も多々いる可能性があります。たとえば、私が若い頃は、足腰を鍛える一つの方法として「うさぎ跳び」はむしろ当然でした。けれども近年のスポーツ科学の見地からは、うさぎ跳びはあまり身体に良くないことがわかっています。このように、スポーツに関する知識・身体づくりに関する知識は日々更新されています。けれども、昔ながらの、何度も練習しさえすればできるようになる、厳しく当たることが良い効果を生むなどという「古い」考え方を持ったまま子どもに接してしまうため、倫理的に認められない行動や不適切なコミュニケーション、非合理的な練習方法を採用している可能性が懸念されます（スポーツ指導者の資質能力向上のための有識者会議、2013）。

指導者たちは、実際の指導現場においてどのような問題に直面していて、どのように問題の解決を図っているのでしょうか。

先述のボランティアでジュニアスポーツの指導者を務めている148名を対象にした調査（大橋ら、2017）で、指導する上でどのような困難を感じているかを自由に書いてもらったのですが、一番よく挙げられたのは、子どもの保護者たちとの人間関係、次に多かったのは子どもたちの性格・特性でした。特に保護者の問題については、「チームの親との関係で気になることがあるか」と質問の仕方を変えると、4分の3を超える指導者が「ある」と答えました。このことからも、ジュニアスポーツにおいて保護者との問題が大きいことがわかります。具体的には、どのような練習をさせるか、試合でどの子を選手として出場させるかについて干渉してくる過干渉な保護者と、その逆に、試合の応援に来ないなど無関心で非協力的な保護者がいることが問題として挙げられていました。この調査は実はチームスポーツを指導している方に対象をしぼっていました。チームで行うスポーツにおいて団結は重要です。子どもたちの団結を促すためには子どもたちに影響する保護者たちもまた団結していることが望ましいという考えがあるために、熱心な保護者と無関心な保護者の落差と、そこから生まれる保護者同士の軋轢もチームとしては問題になるのでしょう。

もう少し深く状況を探るため、個人スポーツの指導者も併せて、都内の指導者8名にインタビューをした際には、表3－2のような問題が指摘されました。組織の問題、指導技術の問題、そして人間関係の問題に大別することができます（川田ら、2016）。

さらに私たちは、人数を増やし、地域でボランティアとして指導に関わる方々を対象に調査を行

表 3-2　指導者が直面する問題

組織マネジメント
「活動場所の確保」
活動場所の予約の困難さ，活動に十分な規模の場所を確保することへの困難さ
「運営予算の確保」
充分な活動予算や指導料を確保することの困難さ
「後進の指導者の育成」
若手コーチの減少で後進のコーチ育成が進まない現状
指導技術
「落ち着きのない子どもとの関わり方」
発達障害等を抱える子どもの参加ニーズが増え，指導場面での対応に苦慮
「親への協力要請」
親の活動への理解や協力態度に温度差が生じること
「選手起用の説明責任」
試合で自分の子どもを選手起用してほしい保護者と指導者との間での葛藤
人間関係
「保護者同士の人間関係」
保護者同士の仲が悪いため，子どもを練習に参加させない
「保護者との人間関係」
保護者が組織の運営方針に対して過剰に介入し，対応に苦慮
「チーム内の他の指導者との人間関係」
チーム内の他の指導者との指導方針の違いが生じ，指導の一貫性が保たれない
「他のチームの指導者との人間関係」
有力な選手の引き抜き等により人間関係に軋轢が生じること

っています（大橋・井梅ら、2016；大橋・藤後ら、2016）。その結果を、ジュニアスポーツの指導者がどのような問題を抱えているかに焦点をあててご紹介しましょう。

多様なチームの指導者の考えを聞きたかったため、また、指導者としての自信や不足点など匿名のほうが答えやすい質問が含まれていたため、オンライン調査を採用しました。また、全国の地域スポーツ（小学生対象のボランティアに近いスポーツ団体）の指導者を過去5年以内に1年以上務めた経験があり、その種目が地域スポーツとしてよく見られるチームスポーツである方を対象としており、456名（表3-3）の協力を得

表 3-3　性別と種目のクロス表

	種目				
	野　球	バスケットボール	サッカー	バレーボール	合　計
男　性	169 (98.8%)	46 (71.9%)	159 (95.8%)	38 (69.1%)	412 (90.4%)
女　性	2 (1.2%)	18 (28.1%)	7 (4.2%)	17 (30.9%)	44 (9.6%)
合　計	171	64	166	55	456

ました。ボランティアに近い指導者たちですので、その職業は、会社勤務と公務員等が８割を超え、自営業・自由業（約１割）がそれに続き、パート・アルバイトや学生はごく少数でした。

指導者自身の競技経験はどうなっているのでしょうか。地域スポーツの場合、自分の子どもの入会がきっかけでコーチを始めるケースが多い（57・2％）ため、その種目の競技経験が全くない指導者が少ないながらもいました（12・5％）。けれども、多くは小学校から大学までのどこかでその種目の競技経験がありました。特に、中高を通して経験がある指導者がもっとも多く（43・0％）、自分の子どもがチームにいないが指導者をしているケースでは特に多いという結果でした。

指導しているスポーツ関係で自身が保有している資格を挙げるように依頼したところ、その種目のコーチ資格、スポーツ指導員、体育の教員免許等、子どものスポーツ指導に関する資格（審判資格のみは含まない）の保持率は23・２％でした。資格所有率には種目によって違いが見られ、サッカー（33・7％）・バスケットボール（28・１％）・バレーボール（30・９％）よりも、野球において（８・８％）低くなっていました。

どのような人が、指導者としてもっと学びたいと思っているのでしょうか。次に、指導者資格を持っていない350名を対象に、指導者としての向上意欲を持っている人の特徴を検討しました。すると、指導しているチームの競技レベルが高いほど、家庭に満足しているほど、指導者としての向上意欲が強くなっていました。また、全体的に指導者としての自信が高いほど向上意欲が強いという関係が明確に見られました。そこでさらに、指導者としての自信が高いのはどのような人かを検討しました。その際、資格を持つことが自信を高めるのかどうかも知りたかったため、有資格者を含めた全体のデータを分析しました。すると、自分自身の競技経験が多いほど、仕事・家庭に満足しているほど、もともとの性格として自己評価が高いほど、指導力やその種目の知識や技術に不足を感じていないほど、指導者としての自信が高いというパターンが見られました。

地域スポーツの場合、自分の子どもが始めることになったので自分も指導者として協力することになるケースと、卒業生だったり誰かのつてだったりして自分の家族とは関係なく指導者役を引き受けるケースの二通りが考えられます。この調査では、分析対象者のうち半数強が自分の子がそのチームに所属していたことがある「パパコーチ・ママコーチ」でした。自分の子がそのチームに所属していたことがあるかどうかで、多少パターンには違いが見られています。具体的には、自分の家族と関係なく指導に入っている場合は、チームの競技レベルが高いほど、また注目・賞賛欲求が高いほど、向上意欲が強かったのです。逆に、子どもが同じチームに所属しているあるいは所属していた場合に限られますが、指導者の知識や指導力の不足を感じるほど向上意欲が高いという関係も見られました。子どもの参加を契機に自分も地域スポーツを手伝う形で参加することになった場合、指導者としての不足感や焦りは大きいかもしれません。つまり、将来そのようなことになることを予想していなかったために準備をしておらず、かといって毎週の練習が始まってからは必要な知識や技術を得る場が少ないからです。

指導者自身が不足感を感じやすい領域についても聞きましたが、コーチングの知識や指導力に特に不足を感じており、その種目の知識や技術、子どもの心身の発達についての知識にもやや課題を抱えているという結果でした。自分自身について回答するときに日本人は謙遜する傾向があるので、念のために、地域スポーツの指導者全般についても答えてもらいましたが、結果はとてもよく似ていました。

指導者たちが指導する際に困難を感じる状況についても尋ねました。指導者たちの困りごとは以下の５種類にまとめられるようです（表３－４）。困難度の平均が高かった順に、一つずつ見ていきましょう。

「親の干渉・関わり」には、保護者たちがベンチや応援席から指示を出しているとき、保護者たちが「わが子中心」な対応のしかたをしているときなどが含まれます。興味深いことに、チームの競技レベルに関係なく平均値が５（かなり感じる）を超える高い値を示しました。指導者たちが共通して保護者の関わり方について大きな問題を感じていることが伺えます。

「問題のある子への対応」には、子どもたちに真剣み・集中力がないとき、子どもの礼儀作法が悪いとき（挨拶できない、道具扱いが悪いなど）などが含まれます。指導者資格があるケースにおいて、競技レベルの影響が認められており、競技レベルが低い（地区大会中位レベルとそれ以下）方がこの問題を多く挙げていました。

表 3-4　指導者たちが困難を感じている状況

チームの競技レベル		親の干渉・関わり	問題のある子への対応	子どもとのコミュニケーション	物理的大変さ	試合における大変さ
県大会出場以上	*M*	5.36	4.95	4.63	3.93	3.81
	(*SD*)	(1.36)	(0.87)	(1.07)	(1.17)	(1.12)
地区大会上位	*M*	5.25	5.02	4.84	4.20	4.09
	(*SD*)	(1.18)	(0.89)	(1.05)	(1.08)	(1.05)
地区大会中位	*M*	5.24	4.99	4.89	4.37	3.98
	(*SD*)	(1.24)	(0.83)	(1.01)	(1.03)	(0.88)
それ以下	*M*	5.15	5.05	4.82	4.47	4.05
	(*SD*)	(1.24)	(1.05)	(1.09)	(1.22)	(1.16)
合計	*M*	5.25	5.00	4.80	4.24	3.99
	(*SD*)	(1.25)	(0.90)	(1.05)	(1.13)	(1.05)

注.「指導する中で，以下のような状況に直面した時，あなたはどのくらいいやだな，困ったなと感じますか」と設問を立て，表にあげた項目についてとても感じる(6)から全く感じない(1)までの6件法で回答を求めた。さらに，そのような経験がないコーチのために，経験なし(0)という選択肢も設け，経験なしの指導者は平均値などを出すときには除外した。

「子どものコミュニケーションの問題」には、子どもたちを怒らなくてはいけないとき、子どもたちが言うことを聞かないときなどが含まれます。競技レベルが高いチームではやや少なく、特に資格がある指導者だけで比べると差が明確でした。

「物理的大変さ」には、交通手段の確保や他の団体との交渉等をしなくてはならないとき、寒い日や暑い日・朝早くからなど、物理的に厳しい状況で練習するときなどが含まれます。競技レベルが高いチームではやや少なく、また、資格を持たない指導者が多く困りごととして挙げていました。

「試合における大変さ」には、保護者が試合や練習の応援にあまり来ないとき、試合に出す子どもを決めるときが含まれます。競技レベルが低い方がこの問題を挙げていて、地区大会中位以下と地区大会上位で少し多いという結果になっていました。

最後に、どのような条件の指導者が負担感が強いのかを分析したところ、困難を経験したからといって負担感が増すことは、物理的困難を除けば、見られませんでした。一方、指導するときの喜びについても聞いていたのですが、子どもたちの楽しむ生き生きとした姿を見ることや子どもたちの成長を感じることには、弱いながらも指導者の負担感を減らす効果があることが示唆されました。

次に、中学校の部活動についても見てみましょう。日本の多くの中学校では部活動に入ることが必須ないしは強く奨励されており、実際に、Benesse 教育研究開発センター（2008）の調査によれば、中学一年生の91・８％が何らかの部活動に所属しています。特に運動部への加入率は高く、男子で71・５％、女子で55・５％に上ります。

部活動には顧問としてその学校の教員がつき、技術的な指導も行うことが慣例となっています。ただ、顧問は体育科の教員が担うとは限りませんし、その種目が得意とは限りません。東京都・静岡県・新潟県の公立中学校において陸上部・水泳部・バスケットボール部・軟式野球部・女子バレーボール部・柔道部の顧問をつとめる教員７０５名に対して行われた調査（西島・矢野・中澤、2008）によれば、高校時代までにその種目の経験がある者は約半数にすぎず（56％）、１％は大学で始めており、残りの約43％は全く経験がないか教員になってから始めたという状況です。新潟県の小学校・中学校・高校のバスケットボール部顧問を対象に行われた調査（高山、2000）でも、経験者率は同じような値で、顧問のうち小学校（ミニバス）では61％、中学校では31％、高校では44％がその種目の競技経験がありませんでした。このような現状を受け、外部指導員と協同して指導するケースもありますが、まだ少数派と言ってよいようです。

その種目の経験がない場合、あるいは経験があっても初心者レベルであった場合、顧問の教員が「専門とは異なる種目を指導しているので専門的なアドバイスができない」、「上級者への指導が十分にできない」という問題が生じます。実際に、指導者の運動部活動経験が指導内容や不適応感に影響を与えることが指摘されています（中澤、2011；高山、2000）。具体的には、高山（2000）では、バスケットボール部経験が長い者ほど、部活動指導での充実感が強く、より積極的に指導しており、不適応感・負担感・困難感が少ない傾向が見られました。

先述の調査は対象の都道府県や種目が限られていましたが、より一般的な調査として、文部科学省（1997）が行った「中学生・高校生のスポーツ活動に関する調査」でも、運動部顧問に対して「運動部を指導していて特に悩んでいることは何か」と質問しています（最大3つまで回答可）。これへの回答は、中学校・高等学校いずれにおいても、1位は校務が忙しくて思うように指導できないことでしたが（中学校58・5％、高等学校55・1％）、2位に専門的指導力の不足（中学校40・0％、高等学校35・3％）が挙げられています。

運動部活動の利点については、高校の顧問対象の調査によれば、心身の鍛錬（10名）、社会性・集団行動の訓練（9名）が多く挙げられていて、体力・技術の向上はあまり多くありませんでした（4名、37名中）。

教員は児童・生徒の教育に関してはプロですが、スポーツの指導は科目の教育とは異なる部分もあります。指導者が指導者としての教育を十分に受けられていないことは、地域スポーツだけではなく、部活動についても当てはまりそうです。一部の教員のボランタリー精神によって成り立っているという構造自体も問題視されています（横田、2004）。

本章ではジュニアスポーツにおける問題点について、環境の問題、指導者の問題、保護者の問題とわけてご紹介しました。次の章からは、いよいよその対策としてどのようなことが考えられるかを、私たちの専門である心理学の視点から考えていきたいと思います。

第4章　子どものモチベーションを高める

野球が大好き！
キャッチボールは楽しいな

前章でも少し触れたように、子どもたちは大人とは身体のみならず心理的な面でも異なります。そのため、ジュニア期の子どもたちを指導するにあたっては、子どもたちの発達段階を考慮した指導は重要になってきます。

そこで、本章ではまず幼児期から思春期までの心理学的な発達について説明します。その後、コーチング理論や臨床心理学からの対策についてご紹介したいと思います。

1　子どもの発達段階についての理解（幼児期、児童期、思春期）

ここでは、ジュニアスポーツに関連する幼児期、児童期、思春期の子どもたちの特徴について、主に発達心理学的な側面から整理しました。

幼児期

幼児期とは、おおむね2歳ごろから6歳ごろまでを指します。一般的には、就学前までの子どもを幼児と呼ぶことが多いですが、発達段階には個人差がありますので、小学校に入っても幼児期的な心性を残している子どももいますし、その逆に、発達の早い子どももいます。発達の速さに個人差があることも気に留めていただきたいところです。

表 4-1　ピアジェによる思考の発達段階（丸野（1990）を参考に作成）

ピアジェは思考の発達過程を以下の4つの段階に整理し，それぞれの段階を順番に通って発達していくと考えました。それぞれの発達段階が生じる年齢はおおむねの目安であり個人差がありますが，その順序は変わらないと考えられています。

発達段階	年齢範囲	特　徴
感覚運動期	0〜2歳	触れる・叩く・ふってみるといった**感覚運動的行為**を通じて対象に直接的に働きかけ，手触り，固さなどの対象の性質を理解する。 対象の永続性の獲得。
前操作期	2〜 6, 7歳	ことばの使用による心的イメージの形成。象徴機能が発達し，**ごっこ遊び**が見られる。**直感的思考**が中心で見た目に惑わされた判断をしてしまう。他者の視点の理解は困難（= **自己中心性**）。
具体的 操作期	7〜 11, 12歳	**保存課題の成立**。 具体物を扱う限りにおいて論理的操作が可能に。
形式的 操作期	12歳以降	経験的事実に基づくだけでなく，仮説による論理的操作（ex.「もし〜であれば…であろう」や，論理的関係の理解が可能に。**抽象的な概念の理解**が可能に。

幼児期の思考の特徴

思考過程の発達の流れを理論化したピアジェは、幼児期の思考の特徴として、「自己中心性」を挙げています（表4-1には ピアジェの発達段階を紹介しています。ご参照下さい）。これは、自分の側からの視点や経験を中心にして物事を捉え、他者の視点に立つことが困難な傾向を指していて、「わがまま」や「自分勝手」ということとは違います。幼児の「自己中心性」を表す良い例として、「3つ山課題」や「保存課題」があります。「3つ山課題」とは、模型の3つの山を様々な場所（A、B、C、D）から見た場合に、どのように見えるかを尋ねる課題です（図4-1）。この課題を用いると、幼児期の段階（ピアジェはこの時期を前操作期と呼んでいます）では、たとえば自分がAから3つの山を見ている場

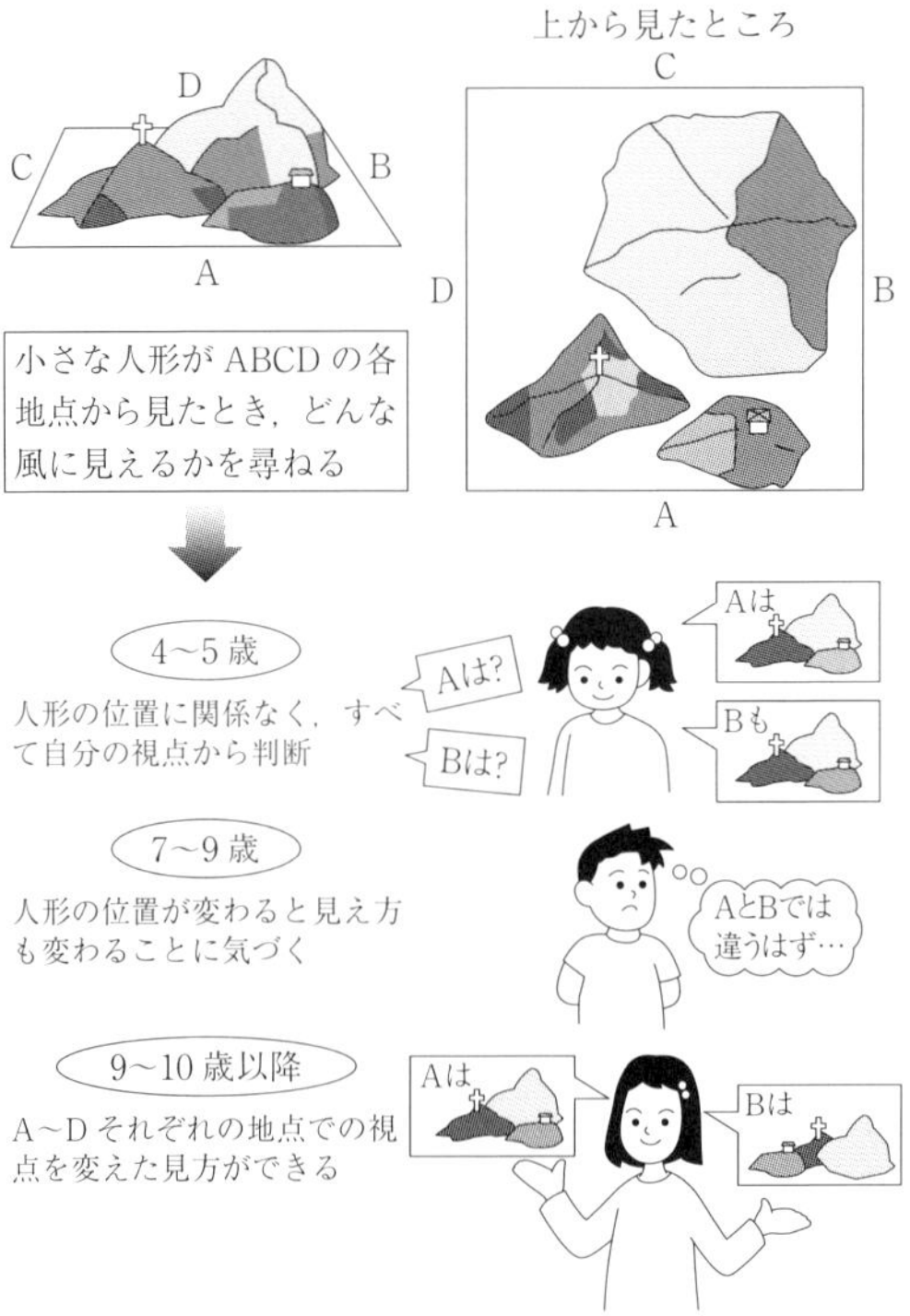

図4-1　3つ山課題（山下他，2002）

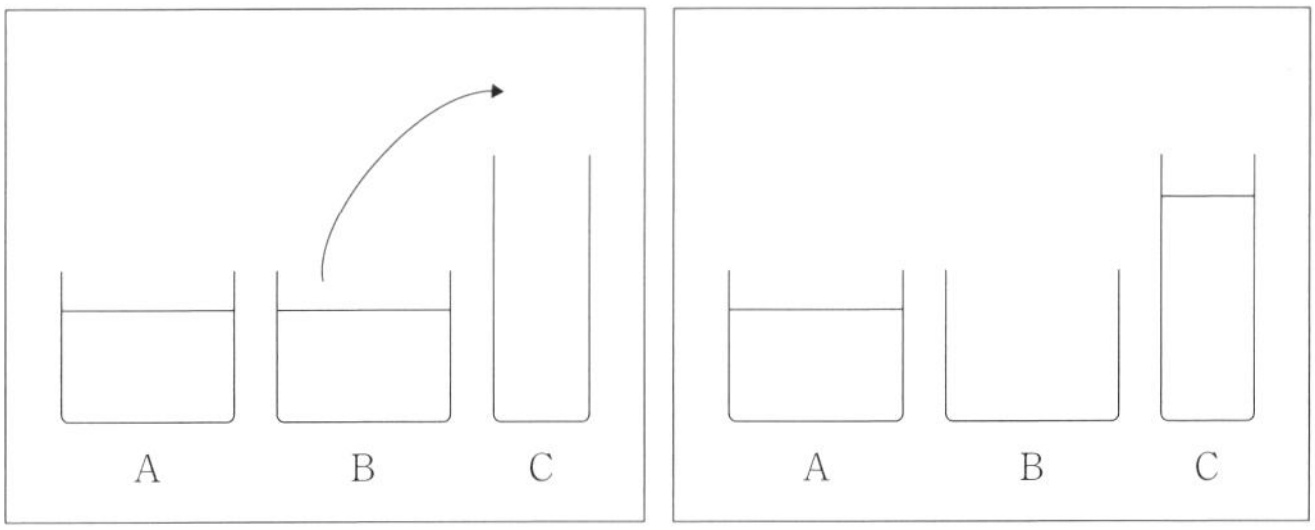

図4-2　保存課題

合、Bにいる人からは別の景色が見えていることの理解は難しいことが分かっています。また、「保存課題」では、同じ形の2つのコップ（A、B）に水を注いで、同じ量であることを確かめさせた上で、子どもの目の前でBのコップの水を細長いコップ（C）に移します（図4－2）。すると、水面が高くなるので、5歳の子どもの多くは水面の高いコップの方が量が多いと答えます。しかし7歳ごろになると、「量は変化していないのだから同じ」と答えることができるようになります。この「保存課題」ができるようになることが、次の発達段階（具体的操作期）に移行した目安になります。

前操作期から具体的操作期への移行は、日本の小学校に上がる時期よりも少し遅めの、6、7歳頃と考えられています。ですので、個人差はありますが1、2年生というのは実は、まだまだ幼児期的思考様式を残した時期であると言えます。

先ほどの3つ山課題のところで見てきたように、幼児期の段階（6、7歳ぐらいまで）では、他者の視点に立つことは難しく、全体を見渡して動くことは難しいのです。たとえば、サッカーの試合で、低学年の子どもたちの試合を見ていると、ポジションなどを考えることは難しく、みんなでボールに集まってしまう（団子サッカー）といったことが起こりがちですが、この年齢の発達段階では仕方がないことと言えるでしょう。

大人の関わりと幼児期の子どものモチベーション

この時期は、自分の能力を客観的に判断することはまだ難しい時期です。自分の周りの大人（保護者や先生や指導者）がどのようにフィードバックするかが、子どもたちにとって自分ができたかどうかの判断材料になります。「よく頑張っていたね！」「上手にできていたね！」という言葉をかけられると、子どもは「ああ、そうなんだ」と自分の有能感を高めます。これに関連する事柄として、「ピグマリオン効果」というものがあります。これはどういったものかというと、ある学級でランダムに児童を選び、その児童たちは成績の伸びが期待されるという「偽り」の情報を先生に伝えたところ、実際にその児童たちの成績が伸びるという現象が見られました。これは、先生の「期待」がその子どもたちに伝わり、子どもがその期待に応えてがんばったために、実際に成績が伸びたと考えられ、こうした傾向は低学年において特に見られました（Rosental et al., 1968）。こうした実験結果から、教師の構え（子どもたちをどう見ているか）が、子どもたちに影響する例として、教育界ではよく知られています。大人の期待やポジティブなフィードバックは、年齢が低いほど子どもたちのモチベーションにもつながり、能力を高めるのに役に立つといえるでしょう。

また、タイムを他の子と競うことや、複雑な課題をクリアすることなどは、この時期の子どもにとってはまだ難しいようです。それよりも、より単純な課題をクリアできることの方が、彼らのモチベーションを高めます。たとえば、「ボールをこのバスケットに入れる」「ジャンプしてここを飛び越えられる」といった、より単純な課題を「できた！」と感じられることがこの時期の子どもたちにとって重要になります。

児童期

児童期とは、おおむね6歳から12歳ぐらいの時期、小学校に通う時期を指します。児童期は従来から、心理的には一番安定した時期と考えられています（来たるべき思春期の心理的混乱の前の穏やかな時期という捉え方です）。

小学校への移行

児童期には、子どもたちの世界がそれ以前と比べてぐんと広がります。幼児期までは、家庭を中心とした世界にいた子どもたちですが、小学校に上がると、社会との関わりが本格化します。学校はこれまでの幼稚園や保育園のように家庭の延長ではなく（幼稚園や保育園は保護者の判断で通わせるか否かを選択することができます）、一定の年齢になると通学することが義務になります。学校では保護者に代わって先生が子どもたちにとって新たな権威となり、保護者の影響力は相対的に減っていきます。人間の一生涯（ライフサイクル）を8つの段階に分け、それぞれの段階にその時期に達成するべき発達課題があると述べたエリクソン（コラム1参照）は、幼児期から児童期への変化を「人生への旅立ち」と表現していますが、小学校入学を機に、子どもたちを取り巻く環境はそのぐらい劇的に変わると言えるでしょう。こうした環境の変化の中、子どもたちは周りの大人に支えられて（自分の保護者に加えて、学校の先生、スポーツその他習い事の指導者など）、さまざまなことを学び、成長していきます。

勤勉性 対 劣等感──児童期の発達課題

この時期は学齢期とも言われるように、本格的な学習を始める時期になります。幼児期までのように自分の興味や欲求に動かされて行動してしまうことが減り、たとえば、教室で先生が集団に向けて出した指示に従うことができるようになるなど、大人の言葉での指示がある程度入るようになってきます（もちろん、個人差は大きいですが）。

こうした知的な発達は、言語を用いた学習を可能にし、生活の中心が学校での学習活動に移行します。また、思春期のように大人の言葉が素直に入らないこともなく、比較的素直に指導者の言うことに耳を傾けます。児童期はもっとも、新しいことを学び、様々な能力を身につけることに適している時期といえます。

成長に伴って、少し前にできなかったことが「できた！」という体験もたくさんできる時期です。小学校に入りたての子どもと、高学年の子どもたちとでは、ずいぶんと違いがあると感じられるでしょう。エリクソンは（コラム1を参照のこと）、児童期の発達課題を「勤勉性」としています。この時期の子どもは自らの能力を発達させ、より上手に、より良く「できる」ようになることに喜びを感じます。何かに向かって挑戦し、それが達成できたときに「できた！」という達成感を味わうことが自信につながり、さらなるチャレンジへと向かわせます。また、ある程度客観的な視点も身につき、仲間との比較もできるようになります。そして、「できた！」という喜びとともに、他の子と比べて「できない」という感覚、すなわち「劣等感」も持ちやすくなります。

幼児期には誰もが「オリンピック選手になる！」「サッカー選手になる！」と言っていたのが、

だんだんと自分の能力についての客観的判断ができるようになります。成長とともにそのように変わっていくことはある意味当然ですが、日本の子どもたちの自己肯定感は、他の国に比べて著しく低くなっています（内閣府、2014）。スポーツでも勉強でも良いですし、友だちへの気配りが上手、みんなを笑わせるのが得意など社会面でも良いのです。その子の得意なことに目を向け、フィードバックすることで子どもの自己肯定感は高まります。反対に、できないことばかりに大人が目を向け、劣等感をもたせるような関わりは避けたいものです。

児童期の仲間関係

小学校中学年ごろになると、もっとも児童期らしい時期になってきます。学校生活にも慣れ、仲間関係がますます重要になってきます。この時期の子どもたちの仲間関係について、「ギャング・エイジ」という言葉が使われます。同性同年齢の小集団で、小さなギャングのように徒党を組み、大人に秘密を持ったり、子どもだけのルールを作って結束力を高めたりするといった様子からこの名前がついています。こうした仲間遊びを通して、子どもは役割分担をしたり、協力をして何かを成し遂げたり、社会で生きていくうえで大事なことを学びます。

昨今では、このような仲間遊びをする機会が減っていることも指摘されています。子どもたちが秘密基地を作ったり、自由に自分たちだけの時間として遊んだりできる空き地などが減り、また、習い事などでそれぞれ忙しく、みんなで遊べる時間が減少していることもあるでしょう。そうした中、この時期のスポーツ活動、特にサッカーや野球などのチームスポーツでの活動は、同性同年齢の子どもたちが集団で関わる良い機会とも言えるでしょう。子どもたちが集団行動をする中でさまざまなルールを身につけたり、仲間同士の暗黙のルールを作り共有したりすることは、この時期の発達にとってきわめて重要であるといえます。

思春期

身体的成熟と思春期の始まり

思春期とは、第２次性徴の始まりから、身長の伸びが止まるまでの時期を指します。すなわち、思春期とは、子どもの身体から大人の身体へと変化する時期を指し、ホルモンバランスも大きく変わります。それに伴って、心理的にも不安定になりがちな時期です。第２次性徴の始まりは、女子なら初潮、男子であれば声変わりや精通などの身体的変化を起点とします。一般に男子より女子の方が早めに始まり、女子では9、10歳ぐらいから、男子では2年ほど遅れた11歳ぐらいから身長が急激に伸び始め、身体つきも変わっていきます。こうした身体の変化は昨今、身体的発育が早まっていることから、従来よりも早くなっている傾向があり、それだけ思春期の到来も早くなっていると言えます。しかしその一方で、精神的には従来に比べて近頃の子どもは幼くなっているという指摘もあり、アンバランスな時期が拡大しているともいえるでしょう。

反抗期と保護者からの自立

思春期の子どもたちは思考の面でも児童期と違ってきます。この時期、抽象的な思考をすることができるようになり（ピアジェの形式的操作期）、物事を相対的に見る力がついてくると言われています。思春期の特徴として、親（保護者）の言うことをきかなくなる、反抗期、といったことが言われますが、こうした思考の変化も影響しているのです。これまで、大人の言うことは絶対であったのが、そうでもないらしいということに気づいていきます。大人の矛盾する発言や態度に敏感になり、大人の言うことは端から疑ってかかる、反抗する、という心理が働きます（もう少し大人になってくると、大人の言い分にも耳を傾けられるようになってきて、落ち着いてきます）。

思春期は保護者から心理的に自立することが求められる時期であり、保護者に頼ることが少なくなる分、仲間の存在が重要になります。仲間から認められることが何よりも大事なことであり、仲間への同調傾向も強くなります。ギャング・エイジ時代に引き続き同性の仲間関係が重要で、男の子同士、女の子同士のグループを作り、保護者には言えない秘密を共有したり、たわいもない話で何時間も盛り上がったり、仲間との結束を高めます。これは、保護者から自立し、一人の人間として自立する上で大変重要な過程と言えます。

思春期の仲間関係

しかし一方で、この時期の友人関係は排他的になりがちです。グループでの結束を高めるため、同調傾向が強まり、同質性を強く求めます。異質なもの、違う意見のものを受け入れる心のゆとりを持てないことが多く、集団内にうまく同調できないと、そこからはじき出される危険性もはらんでいます。また、上述したように、この時期はそれぞれの子どもが心理的にとても不安定で、苛立ちや攻撃性も高まります。そのような中、所属する集団（学級、部活動、スポーツチーム等々）においてストレスが高まると、弱い者、異なる意見をもつ者などをスケープゴートにしてそこに攻撃性を向け、心理的安定をはかるといったことが起こりがちです。このような発達的特徴から考えると、思春期のはじめ（小学校高学年から中学生ぐらい）はもっともいじめが発生しやすい時期と考えられますが、データにおいてもその傾向は示されています。文部科学省の調査では、いじめは小学校中学年から増え始め、中学1年生でピークを迎えることを示しています（文部科学省，2016）。

また、この時期の特徴として保護者をはじめとする大人から距離を置き、何かあっても隠そうとするため、子ども同士で起こっているトラブルがますます見えにくくなる傾向があります。大人の側は、風通しの良い学級やチーム作りを心がけてほしいものです。さらには、子どもたちの様子に目を向け、子どもたちの関係性に何か変化が起きていないか、いつもと様子が異なる子はいないか、注意を向けてほしいものです。

スポーツ活動では、競技の上手下手が誰の目にも分かりやすく、競技能力の低い者への攻撃が誘発されやすいためより注意が必要です。特に男子の場合、仲間集団における社会的地位のもっとも重要な決定因には競技力が関連します。つまり、競技能力の高い子どもが集団内地位も高くなることが多いといったことも言われています。また、長谷川（2013）の調査では、競技レベルの高いチーム、すなわち強豪チームほどいじめが発生しやすく、これらのいじめは指導者の体罰や暴言などの問題行動が起点となっていることがあることも明らかにしています。集団内でのストレスが高まるほど、いじめは発生しやすいということを示している結果と言えるでしょう。

あるいは逆に、チームのまとめ役などリーダーシップをとっている子どもがいじめのターゲットになることもあります。たとえば、高校時代にラグビー部のキャプテンだった男性は、困った体験として、「当時キャプテンだった自分ですが、監督が当日に急遽練習に来られなくなり、練習メニュー作成やマネジメントに奔走したことが何度もありました。その都度、チームからの監督不信との間に立たされ、困憊してしまいました」と語っています。チームの主将やリーダーは、指導者からの指示を伝達したり、他のメンバーに指示を出しチームを動かしたりすることが課せられることもあるでしょう。この時期の子どもは大人からの強制や統制を嫌いますが、指導者の権威が強い場合、表立っては反発できません。そのため、指導者の声を伝達するリーダーに攻撃の矛先が向かってしまうのです。

◆コラム1　エリクソンの心理社会的発達理論

エリクソンは、私たちが生まれてから死にいたるまでの一生のプロセスを8つの発達段階に分け、「ライフサイクル」という観点でとらえています。この8つの発達段階には、それぞれの時期に達成するべき発達課題があります。私たちはそれぞれの段階の発達課題を達成して次の段階に進むことにより、心を成長させていくことができるという考え方です。そして、それが達成できないと健全な心の発達を遂げることができないという意味で、この課題は「危機」とも捉えられます（馬場・永井、1997）。

表1　エリクソンの心理社会的発達図表

発達段階	心理社会的危機	重要な対人関係	概　要
乳児期	基本的信頼 対 不信	母親的人物	母親（養育者）の世話を通して，困ったときには必ず助けてくれる相手がいること（基本的信頼）を獲得する時期
幼児期前期	自律性 対 恥・嫌悪	両親	自分の意志で自らの行動をコントロールする（自律性）ことを学習する時期
幼児期後期	自主性 対 罪悪感	基本的家族	子どもの知的好奇心はふくらみ，積極的に周囲に関与することで，自主性がはぐくまれる時期
児童期	勤勉性 対 劣等感	近隣，学校	学校や家庭でさまざまな活動にチャレンジし，「できた！」という体験を積み重ねることにより，勤勉性（有能感）を獲得する時期
青年期	同一性獲得 対 同一性拡散	仲間集団，リーダーシップのモデル	これまでの自分を見つめ直し「自分とは何者であるか」というアイデンティティを確立していく時期
前成人期	親密性 対 孤立	友情，性愛，競争，協力のパートナー	特定の異性と交際し，やがて自分の家族をもつ過程で，その相手と信頼関係に基づいた親密さや連帯感を獲得する時期
成人期	生殖性 対 停滞	労働と家庭	家庭や社会（仕事）の場において‘次なる世代’を育てていく時期
老年期	統合 対 絶望	人類	今までの自らの人生を振り返り，受容することにより統合が可能になる時期

2 コーチングに関連する心理学の諸理論

ここでは、子どもたちのスポーツへのモチベーションを上げるコーチングについて、心理学のさまざまな理論をもとに、紹介していきたいと思います。コーチングはスポーツに限らず、学習場面やビジネスの場面など、他の場面でも広く用いられている教授法で、心理学の動機づけ理論とも関連が深いものです。

動機づけ（モチベーション）とは

動機づけとは、私たちが何か行動を起こすときの原動力となっているもの、行動の原因になっているもののことを指し、英語の「モチベーション」という用語をそのまま使うときもあります。私たちが何かの行動を持続するためには、自分から興味をもち、「○○をやってみたい！」という気持ちを持つことは重要でしょう。これは「内発的動機づけ」と呼ばれ、私たちのモチベーションを上げるものとして、古くから教育場面でその重要性が指摘されてきました。この「内発的動機づけ」と対になって扱われるのが「外発的動機づけ」です。「外発的動機づけ」は、報酬等、外的に動機づけられて何らかの行動を起こすものです。アメリカの心理学者デシ（Deci, 1971）の実験では、もともと意欲的に取り組んでいた課題に報酬が与えられることによって、内発的動機づけが下がる（報酬がなければもうその活動をしなくなる）ことが検証され、外発的動機づけ（報酬など）には注意が必要だと考えられていました。しかし、昨今では、周囲から褒められたり、認められたりなどの心理的な報酬はあまり問題がないとも言われています。動機づけに関する理論は他にもいろいろありますので、見ていきたいと思います。

表4-2　原因帰属理論（Weiner et al., 1971）

原因の所在	安定性	
	安定	不安定
内的	能力	努力
外的	課題の難しさ	運

原因帰属理論

私たちは何か物事が起こったときに「なぜそうなったのか」という原因を考えますよね。その「原因」をどのように考えるかについて、心理学者のワイナーは、2つの次元を用いて説明しています（表4-2）。2つの次元の1つは、「原因の所在」で、「内的」と「外的」の2つに分かれます。つまり、原因が自分の内にあるか（内的）、外にあるか（外的）で分類しています。もう1つの次元は、「安定性」であり、「安定」or「不安定」の2つに分類します。原因の安定性とは、その原因が容易に変化するか否かということです。この2つの次元で4通りの組み合わせができます。たとえば、学習の結果を考えるときに、それを「能力」と考える人は、原因の所在が「内的」で、なおかつ「安定（容易には変わらないもの）」と捉えているということになります。一方、原因の所在は同じ「内的」でも、その時によって結果が変わる（「不安定」）と考えれば、その結果はその時の自分の「努力」と考えているということになります。

この中で、もっともモチベーションが高まるのは、問題の所在を「内的」なものだと考え、かつそれが「不安定（その時によって変わる）」と考える場合と言われています。自分の努力次第で結果が変わるという気持ちをもつことが、「もっとがんばろう！」という次への努力につながるといえるでしょう。ですから、子どもたちがうまくいったときも、うまくいかなかったときも、大人たちには努力が原因であるという考え方を明示してあげてほしいと思います。

期待価値モデル

「サッカーでシュートを決めたい」、「〇〇との試合に勝ちたい！」、「目標の学校に入りたい」、「仕事のプロジェクトを成功させたい」など、私たちは日々生活する中でさまざまな課題があり、それらをなし遂げようと努力します。このように目標を達成しようとする動機づけを「達成動機づけ」と呼びます。

では、この達成動機づけはどのような場合に強くなったり弱くなったりするのでしょうか。アトキンソンは、達成動機づけの強さは、「動機（達成接近動機 or 失敗回避動機）」×課題を達成できるかどうかの「期待」（＝主観的成功確率）×成功によってもたらされる報酬の「価値」によって決まると考えました（「期待価値モデル」）。すなわち、成功する見込みがまったくない場合や、成功に価値が見出せない場合は、課題を達成するための努力は生じないことになります。

また、この「期待」と「価値」は片方が大きいほど、もう片方が小さくなるとアトキンソンは考えました（「価値」＋「期待」＝1）。すなわち、ほとんど成功できそうにないと思ったとき（＝期待が小さい）ほど、成功したときの喜びは大きく（＝価値が高い）、簡単にできると思っていたとき（＝期待が大きい）ほど、成功の喜びは小さくなる（＝価値が低い）といった関係です。これを先ほどの掛け算の公式にあてはめると、主観的成功確率が50％のとき、達成動機づけはもっとも高まると言うことができます。

その子にとって、まったく成功の見込みがないような難しすぎる課題ではなく、そうかといって、たいした努力をしなくてもすぐにできてしまうような易しすぎる課題でもなく、しっかり努力すればできるようになるような課題を適切に出すことができれば、子どものモチベーションは高い状態で維持されるでしょう。たとえば、バスケットのシュート練習であれば、入るか入らないか、その確率が半分程度の位置からシュートの練習を始めれば、全く入らずにやる気を失うといった風にはならずに済むでしょう。そして、入る確率が上がってきたら、もう少し離れた場所からチャレンジするなど、課題の難易度を一段階ずつ上げていくと、子どもたちがモチベーションを切らさずに取り組むことができるでしょう。

自己決定理論

自己決定理論は、学ぶことや課題に向かって努力することなど、私たちの多くの活動において、自己決定すること（自律的であること）が高いパフォーマンスをもたらすとする理論です。心の健康を考える臨床心理学の分野でも自律的である（他者にコントロールされない）ことは大変重要であると考えますが、目標達成や課題達成においても、それは同様ということです。

自己決定理論はもともと、内発的動機づけの研究から発展してきた理論ですが、内発的動機づけの議論で問題視される「外発的動機づけ」に関しても、その内容によってかなり違いがあることが

表 4-3 動機づけのタイプと調整スタイルの段階（Ryan et al., 2000）

行動	非自己決定的 ◀			▶	自己決定的
動機づけ	無動機づけ	外発的動機づけ			内発的動機づけ
調整スタイル	無調整	外的調整	取り入れ的調整	同一化的調整	統合的調整	内発的調整

指摘されるようになってきました。たとえば、「シュートを決めたらご褒美をあげる」というのは典型的な外発的動機づけになりますが、「将来、憧れの高校でプレーしたいから」というのもその手段として活動をしていることから外発的動機づけになります。これに対して、「サッカーをすること自体が楽しい」というのが内発的動機づけとなるでしょう。もちろん、その活動自体が楽しくて活動することは重要ですが、人間は成長に伴って社会の一員として生きるようになるため、将来自分がどうなりたいのか、といった人生目標に向かって学ぶ外発的動機づけも徐々に重要になってくると考えられます（桜井，2012）。

そこで、自己決定理論では、内発―外発という区別に加え、自律性（自己決定）の程度によって、外発的動機づけを４つの段階に整理しました（表４－３）。「外的調整」の段階は自律性が最も低く、「ご褒美がもらえるから」、あるいは「やらないと叱られるから」といった段階になります。これはいわゆる「やらされている」状態といえます。次の段階は、「取り入れ的調整」の段階になります。この段階は、課題の価値はある程度認識していますが、基本的に「やらなくてはならない」という義務感や「やらないと恥をかくかも」といった不安感など、内的な強制力によって取り組んでいる段階です。周りから強制されてではなく、自分の判断で「やらなくてはいけないのかな」と思っている分、最初の段階よりは進んだ段階だと考えられるでしょう。３つ目の「同一化的調整」段階は、より内在化が進んで、その課題の自分にとっての価値が積極的に認識され、「自分にとって重要だから」取り組む姿勢を指します。先ほどの、「将来、憧れの高校でプレーしたいから、目の前の練習を頑張る」というのは、ここに分類されることになります。そして４つ目の「統合的調整」の段階とは、もっとも価値の内在化が進み、課題の価値が自己の一部として十分に統合され、「自然と」取り組める状態を指します。外発的動機づけの「同一化的調整」と「統合的調整」の段階と内発的動機づけの３つを合わせて「自律的動機づけ」と考えることができ、櫻井（2009）はこれを「自ら学ぶ意欲」と呼んでいます。まとめれば、子どものモチベーションを長く持続させるためには、自分で決めたという感覚が確保されており、「自律的動機づけ」に支えられ、「やればできる」という有能感を感じることが重要と言えるでしょう。

達成目標理論

達成目標理論とは、個人が設定する達成目標の種類やその意味付けをどのようにするかによって、モチベーションが変わってくるという理論です。達成目標は、「学習目標」と「遂行目標」の２つに分けられます。「学習目標」とは、スキルの向上や新しいスキルの獲得など、自分自身の能力を伸ばすことを目標とするものを指します。これに対して、「遂行目標」とは、他者より優れていることを誇示し、高い評価を得ることが目標となるものを指します。「学習目標」を持っている人は自らの能力に対する自信が高くても低くても、目標はスキルの向上なので熟達志向（自らの能力を伸ばすために努力する姿勢）へと向かいやすいと言えます（表４‐４参照のこと）。一方、「遂行目標」

を持っている人は、自らの能力に対する自信が高いか低いかによって、行動が変わってくると言われています。すなわち、能力が高いと思っていれば、自身の能力を示そうと積極的に行動するけれども、能力が低いと考えると、失敗して他者より低い評価を得ることを恐れて、課題に回避的になったり、無気力に陥ったりしやすいのです。

表 4-4　達成目標理論（Dweck, 1986）

知能観		達成目標		有能さに対する自信	学習行動
固定観	➡	遂行目標	➡	高い	熟達志向型
			➡	低い	無気力型
拡大観	➡	学習目標	➡	高い	熟達志向型
			➡	低い	熟達志向型

コーチングの際に心がける点

ここまで、動機づけ（モチベーション）に関する理論をいろいろと紹介してきましたが、最後に、指導者としてどのような関わりが子どもたちのやる気を高め、技術の向上へと導くことができるか、指導者の姿勢という観点から考えていきたいと思います。

「コーチング」の定義について、こちらは大人を対象としたものですが、コーチングのテキストに興味深い記述があったのでいくつか紹介したいと思います（オコナー・ラゲス、2012）。

「コーチングとは、他者の能力、学習、成長を促進する技術である」（Downey, 1999）

「コーチングとは、自己を成長させ、より有能な人物となるために必要な手段、知識、機会をその人に身につけさせることである」（Peterson & Hicks,

1999）

「コーチングとは、個人の潜在能力を開放し、その人自身の能力を最大限に高めることである。コーチングは、その人が学ぶことを支援するものであり、その人を指導するものではない」（Whitmore, 2002）

こう見てくると、コーチングの目的は、その子どもに本来ある力を引き出し、伸びていく力を最大限に高めることであると言えます。コーチングを行う人は、あくまでも学ぶことを「支援する人」であり、子どもたちを「指導する人」ではないわけです。

大人と子どもの関係であると、大人はどうしても指導する人、教える人になりがちですが、子どもたちに細かく指示を出したり、答えを教えてそれ通りに従わせたりする指導法では、子どもたちの自己効力感や自ら選択することによる達成感を育てたりモチベーションを高めることにはつながりません。先述した自己決定理論の紹介でも述べていますが、自分たちで課題を発見し、自ら学ぼうとする姿勢を引き出すことが、もっとも子どもの能力を高めます。

また、期待価値モデルにあったように、成功できるかもという期待と、できたときの喜び（＝価値）がともに50％程度であることが、もっとも子どものモチベーションを高めるということを考えると、それぞれの子どもに合った課題を見つけ、適切に評価しフィードバックすることが大事と言えるでしょう。

そして何より、子どものモチベーションを高めるためには、「できた！」と感じられる機会を増やしてあげることをお勧めします。そうした機会をたくさん持つことにより、子どもは自己効力感を高めます。こうした体験は児童期の発達課題である「勤勉性」を高める上で重要ですが、実はこの「勤勉性」は児童期だけのものではありません。むしろ、この時期に培われた「やればできる」という自らの能力を信じる力は、その後のさまざまな課題に取り組む姿勢の土台となります。

「できた！」という機会をたくさん経験させるためには、大きな目標をかかげるより（それももちろん大事ですが）、すぐにイメージしやすい小さな目標をたくさん設定した方が良いといえます。たとえば、スイミングの練習時に、1メートルずつ足をつかずに泳げる距離を増やすであるとか、野球の試合であれば、前回の試合で一度も塁に出ることができなかった選手がいたら、次の試合ではとにかく1回でも塁に出ることを目標にするのも良いでしょう。

周りのさまざまな大人からのポジティブなフィードバックも大事です。できないことよりもできていることに目を向けてフィードバックしてあげると、子どもの自己効力感をアップさせるのと同時に、子どもたちも自分の強みに気づきやすくなるでしょう。

◆コラム2　学習性無力感

動機づけ、すなわちやる気を考えるにあたって、犬を対象にした、セリグマン（1985）の有名な実験をご紹介しましょう。まず小部屋に犬を入れ、電気ショックを流します。出口はふさがれているため、かわいそうな犬は電気ショックを逃れることができません。この後、犬を別の部屋に移し、また電気ショックを流します。今度の部屋の中央には敷居があり、これを超えた先では実は電気ショックは流れません。こちらの部屋ではじめて電気ショックを体験する犬は、すぐさま敷居を越えて隣部屋に逃げます。けれども、逃げられない部屋で電気ショックを体験し続けた犬はこの敷居を超えることはせず、ただじっとうずくまってしまいました。

逃げることができるはずなのに、なぜ犬は逃げなかったのでしょう。それは、いやなことを経験し続けた犬が、もがいても扉を押しても逃げられなかった犬が、「自分の努力は結果に何の影響も及ぼさないこと」を学んでしまったからです。これを学習性無力感といいます。

人間についても同じようなことが起こります。たとえば勉強をしっかりやっているはずなのに成績が上がらないという体験を多くすると、自分はどうせやってもできないと考えるようになり、勉強をしなくなります。相対評価では、このように頑張っても評価が上がらないという問題があったので、ある時代から学校の成績に絶対評価が用いられるようになりました。スポーツに関しても、学習性無力感が起こります。頑張っているのにうまくならない、何度やってもできないという経験を繰り返すうちに、自分の努力はスポーツの上達にはつながらないことを学びかねません。

けれども、即座にそうは感じられなくても、スポーツも勉強もやれば確実に上達につながっています。周囲の大人たちが、うまく考えを導いてあげる必要があります。

3　心理学を活用した子どもへの接し方

ここまでは、コーチングの一般的な理論を中心に子どもへの接し方について説明してきました。

この節では、スポーツ分野の中ではあまり取り扱われていない「森田療法」と「アドラー心理学」の視点から「子どもへの接し方」について、考えてみたいと思います。

森田療法を活用した子どもへの対応の仕方

森田療法（森田、1974）とは、1919年に日本の精神科医、森田正馬によってつくられた精神療法で、特に神経症患者への治療を得意とします。神経症患者への精神療法が、なぜ子どもへの接し方に関係するのかと違和感を抱くかたもいらっしゃるかもしれませんので、少し詳しく説明していきましょう。

森田療法が対象とする神経症には、その神経症になりやすい典型的な性格傾向というものがあります。具体的に言えば、自己内省的、心配性、完全主義、頑固、負けず嫌いなどがその例です。これらの性格特性は、スポーツが大好きな子ども達とも似ている面を持っていると思いませんか。試合に絶対負けたくないという気持ち。技術を高めるために、毎日徹底して朝練に打ち込む完全主義。そしてコーチから怒られたらどうしよう、スタメンから外されたらどうしよう、失敗したらどうしようというような日々付きまとう心配。まさにスポーツの分野では、森田神経症的な性格が培われる土壌があるのです。不思議なことに、試合中にミスをすると、心の中で「今度も失敗するんじゃないかな」というような不安がどんどん膨らんでいき、子どもたちはさらにミスが怖くなって力が発揮できなくなっていきます。

知り合いの大学生が小学校時代を振り返って話してくれました。彼は小学生時代サッカーをしていました。全国大会まで行ったチームでレギュラーとして活躍していたそうです。そのチームの指導方法はスパルタ式で、ミスをすると怒号が飛んできました。彼はプレー中、いかに自分がボールを持たないようにするか（ボールを持つと目立つので怒られる可能性が高くなるから）、ボールが自分のところにきたら、いかにすぐ他の人にボールを渡してシュートをせずに済むようにするか（失敗しなくて済むか）ばかりを考えていたそうです。

スポーツ心理学では、この学生が感じた「ミスに対する不安」など競技に関する不安を「競技不安」（多々納，1995）と呼びます。この不安が起こるメカニズムを森田療法では「精神交互作用」という概念で説明しています。「精神交互作用」とは、あることが気になり始めると、注目がそちらに向いてしまい、さらにまた気になってしまう。つまり「気になること」と「注目すること」が交互に繰り返される様子を表します。もう少しイメージしやすくするために、実際のスポーツ場面を取り上げて説明してみましょう。

太郎君は、バスケットボールの試合前のシューティングで、なんだか手首のスナップがいつもと違うなと感じました。シュートを打つたびに、なんだか手首の角度のことが気になってしまいます。手首のことが気になるほど、「今日、シュートが入らないかも」と不安になってきました。試合が始まって、太郎君にパスがまわってきました。敵を抜いて、レイアップに行くものの、どうしても手首のことが気になって、シュートを外してしまいました。さらには、フリースローの時も、ゴールのことより手首のスナップが気になりました。そしてやはりシュートを打つ前から「今日は入らないかも……」と不安が高まってしまいました。

あることが気になる（手首のスナップの違和感）
⬇その気になることに注目してしまう（手首の角度が気になる）
⬇また不安が高まる（シュート入らないかもという不安）
⬇失敗（シュート入らない）
⬇またあることがさらに気になってしまう（手首の違和感）
⬇そのことに注目してしまう（フリースローの際に違和感）
⬇さらに不安が高まる（外してしまうかも）

このような悪循環を、森田療法では「精神交互作用」と言います。では、どうすればよいのでしょうか。森田療法では、不安は無理にコントロールする必要はないと考えます。そして、症状への「とらわれ」から脱して、「あるがまま」の心の状態を獲得できるように手助けします。つまり、不安をどうにかしようとするのではなく、そのままにしておき、不安を感じながらも、今やるべきこと（たとえば「ゴールに入れる」こと）に集中することをすすめます。そうすると、目の前のゴールに意識が集中し、いつの間にか、手首のことを忘れ、不安も気にならなくなっていくのです。

森田療法では、不安などのネガティブな感情の裏には、生の欲望という「よりよく生きたい」

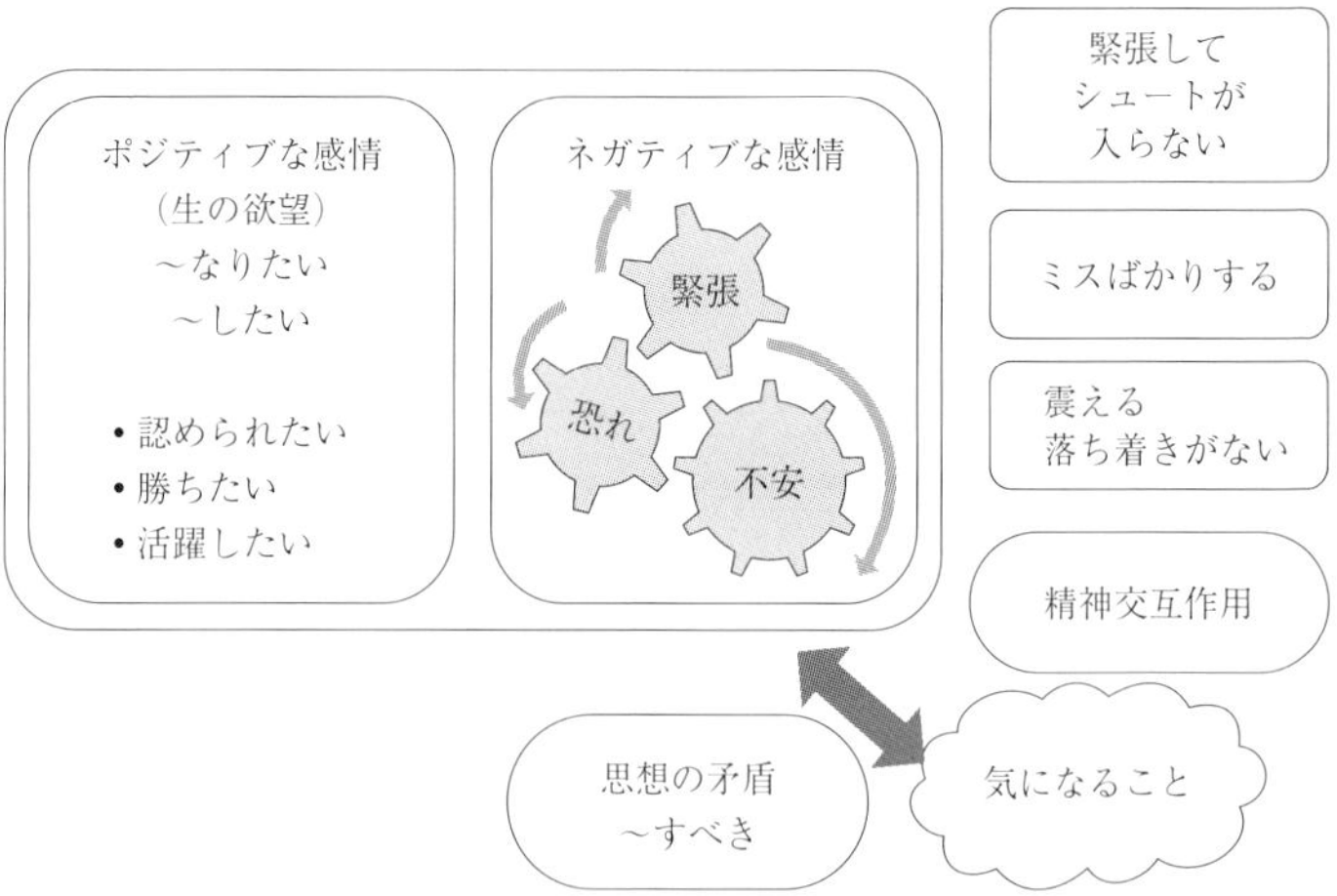

図4-3　森田療法における生の欲望とネガティブな感情の関係

「～したい」という建設的な欲求があると考えます。たとえば、「僕（私）の失敗で負けたらどうしよう」という不安が高い人は、「僕（私）の活躍で勝ちたい」という気持ちが強いのだと言えます。「コーチに怒られたくない」「チームメイトとうまくやれるか不安」という気持ちの裏には、「コーチから認められたい」「チームメイトとうまくやりたい」という「生の欲望」があるといえるのです。不安と欲望はコインの表と裏のようなもの。この関係を示したものが図4－3となります。ネガティブな感情の隣にポジティブな感情があるのが見て取れます。不安が強い人は、そのぶん成長の欲望も強いのです。このように森田療法では、不安を否定しません。不安が強いと言うことはその分「～したい」という「生の欲望」が強いので、不安こそモチベーションにつながる大切な要素と考えるのです。以上のような子どもの心のメカニズムを理解し、指導者は、子どもの不安をコントロールしようとするのではなく、子ども自身の「～したい」という気持ちに目を向け、一緒にその実現方法について考えてあげるとよいでしょう。

またもう一つ、不安を高める要素として、「思想の矛盾」という考え方があります。私たちは、ややもすると理想や目標を高く持ちがちです。「全国大会出場！」「甲子園で活躍！」「最優秀選手になる！」など「こんなふうになりたい」という理想の自分があるものです。しかし現実は、それに全くたどりついていない目の前の自分がいるのです。そして、理想の自分と現在の自分を比べて、「ぼく（私）は、まだまだダメだなあ……」と落ち込んでいきます。これもスポーツでは、よくあることです。スタメンに入りたいのに、まだ入れていない自分がいる、もっと素晴らしい演技がしたいのに、できない自分がいる、ということです。理想の裏には、「私は成功すべきだ」「私はもっとうまいはずだ」などの「べき思考」が隠れています。「～べき」という高い理想に見合っていない現実のことを森田療法では「思想の矛盾」と呼びます。このような「～べき」思考や「理想の自分」にとらわれると、不安が大きくなるのです。

そのようなときは、理想を少し下げてあげることが効果的でしょう。「私は試合で成功すべきだ」ではなく、「私は試合で成功するよう努力しよう」と「べき」を和らげ、現実にできることを目標にしてみるとよいでしょう。いずれにしろ、理想の自分に見合ってないといって、落ち込む必要はないのです。現在の自分が理想の自分に及ばないからこそ、私たちは「もっと成長したい」と思って努力することができるのです。今の自分に「これでいい」と満足してしまったら、上達したい気持ちもなくなってしまうかもしれませんね。理想の自分に少しずつ近づけるように、一歩一歩、地道に努力を重ねていけばよいと思います。森田療法は、不安にとらわれず、子どもの「生の欲望」に向かって、「今できる目の前のこと」をしっかり一つ一つやっていくことを重視します。その気持ちを指導者のみなさんは支えてあげるとよいでしょう。

最後に森田療法では、「感情の法則」、「目的本位」、「恐怖突入」という考え方もあるので、お伝えします。「感情の法則」とは、感情は時間が経つと変化するということです。たとえば、どんなに試合前に不安であっても試合後には、その不安は落ち着くものです。感情というものは山なりに変化します。不安になっても必ず時間がたつと落ち着きます。だからこそ、感情に振り回されるのではなく、目的を中心として行動する「目的本位」とすることを森田療法では大切にします。そして、「不安だから試合に行くのをやめよう」と感情に振り回されるのではなく、「恐怖突入」、つまり、とりあえず恐怖に思うことでも行動してみること（この場合、試合に行くこと）を勧めます。怖いけど、苦手だけど、その感情に振り回されず、まずはやってみましょう。すると、気づいたときには不安の感情は気にならなくなっているものです。

森田療法の対応ポイント

- ネガティブな感情をありのままに受け止める。
- ネガティブな感情の裏にあるポジティブな感情（生の欲望）に焦点をあてる。
- 生の欲望を実現するために、何ができるかを考えてやってみることを促す。ネガティブな感情は時間がたてば収束することを実感してもらう（感情の法則）。不安でも現場に行ってみる（恐怖突入）。

このような森田療法的視点に留意した子どもへの声かけの例を挙げてみます。こちらは第3章45ページ同様、試合の後、帰り道で親子が話している場面です。

保護者「お疲れ様！　少しの時間だったけど、試合に出られたね。どうだった？」
子「ん～。あんまりボールに触れなかった……。もうあまり試合行きたくないな」
保護者「そっか。あんまりボールがまわってこなかったね。ボールもらえなくて、悔しいね。ボールもらえないと、誰でも悔しいよ。悔しいのが当然だよ。でも、悔しいという気持ちの反対には、「うまくなりたい」という気持ちがあるんだよ」
子「ふ～ん」
保護者「うまくなりたい気持ちがたくさんあるってかっこいいね。じゃあ、どうすればうまくなれるかな。何かいいアイデアある？」
子「えっと、体力つけるために走る、とか？」
保護者「いい考えだね。じゃあ、いつ走れそう？」
子「毎日」
保護者「じゃあ、やってみてごらん」
子「でも試合はまだ緊張するかも……」
保護者「緊張するのは、当たり前！　その分、うまくなりたいってことだよ。できることからやっていこう！」

どこが森田療法を意識した関わりか分かりましたか。

この事例で保護者は、「ボールもらえなくて、悔しいね。ボールもらえないと、誰でも悔しいよ。悔しいのが当然だよ」と、ネガティブな感情を否定せずに受け入れていますね。そして次に、「悔しいという気持ちの反対には、「うまくなりたい」という気持ちがあるんだよ」と、ネガティブな感情の裏にある生の欲望に注目しています。そして、最後に、生の欲望に向けての行動の具体化として、「走る」ということを子どもと一緒に考えていますね。そうすることで、悔しいという気持ちを否定されず、また悔しいという気持ちばかりに目を向けることなく、注目をより建設的な感情に向けて、それを実現化するための日常的な行動を後押ししてあげています。

アドラー心理学を活用した子どもへの対応の仕方

さて、次にアドラー心理学を用いた子どもへの対応の仕方について考えていきましょう。森田療法は、ネガティブな感情との付き合い方を得意とします。それに対してアドラー心理学は、失敗しても次に向かって協力して工夫することを得意とします（岩井、2016）。

アドラー心理学は、オーストリア出身の精神科医であるアルフレッド・アドラーが創始した心理学です。アドラー心理学では、私たちが取り組まなければならない課題は「ライフタスク」と呼ばれます。このライフタスクの最終的な目的は「共同体感覚」を養うこととされます。共同体感覚とは、家族や地域社会の中で、所属感を感じ、自分を大切にして（自己受容）、かつ他者を大切にして（他者信頼）、貢献できること（他者貢献）です。共同体感覚を身に付けるためには、失敗しても「次に挑戦」できる力が大切で、そのためには大人による「勇気づけ」が必要と言われています。また、アドラー心理学では過去の出来事にとらわれるのではなく、過去の出来事をどのように意味づけ、再構成していくかを重視します。つまり、過去の出来事をどのように使っていくかという考え方をしますので、「使用の心理学」とも言われます。

このような考え方をスポーツの分野に当てはめてみます。アドラー心理学では、スポーツの目標にもやはり「共同体感覚」を取り入れていきます。すなわち、単に勝利を目指すだけではなく、友達と協力して作戦を練ったり、チーム練習を考えたり、技術が低い友達や後輩に教えたりしながら、お互い成長していくことを目標とします。試合に負けたり、プレーがうまくいかなかったりすることは、次の課題につなげることができるチャンスだととらえます。まさに、「失敗から学ぶ。失敗を次につなげる」です。大人は失敗を受け入れながら、「勇気づけ」の言葉かけを行い、どんな工夫ができるのかを子ども達とともに考えていきます。

それでは、「勇気づけ」のポイントをいくつか説明します。勇気づけのポイントは、「結果よりも経過（プロセス）を重視する」「人格を否定しない」「兄弟間の比較はしない」「他人と比較せずに、個人内の努力を認め貢献に注目する」「今できている部分に注目する」「依頼する時は、Ｉメッセージ（後述）を使う」「解決は答えを与えるのではなく、子どもに委ね一緒に考える」ことなどが挙げられます。これらを用いた対応の仕方を具体的に紹介します。

アドラー心理学的対応のポイント

それでは、アドラー心理学を用いた対応の例です。先ほどと同様に、試合の後、帰り道で親子が話しています。

保護者「お疲れ！　少しの時間だったけど、試合に出られたね（今できていることに注目）。どうだった？」

子「がんばったよ」

保護者「そうだね。よく頑張ってたね。」

子「でも、あんまりボールに触れなかった……」

保護者「そっか。悔しかったね。でもボールを追いかけようとしていたね。頑張っているのがわかったよ。どうすればもっとボールに触れると思う（うまくやれなかったことを取り上げ、一緒に考える）？」

子「ん～。そうだね。あいてるとこに走ってみようかな」

保護者「なるほどね。そうすればボールがくるかもね（子どものアイデアを取り上げる）。他にも方法はある？」

子「もっと一生懸命ボールに向かって走ってみる」

保護者「いいね。一生懸命走っている姿を見ると、お母さん嬉しくなっちゃうよ（Iメッセージ）」

この事例では、最初に「今できていることに注目」しています。そして、うまくやれていないことを取り上げ、一緒に考えています。そして、すでにできていることを見つけてフィードバックしています。子どものアイデアを取り上げ、それに賛同していますね。最後に、自分を主語にするＩメッセージを用いて、子どもの努力する姿を評価するメッセージを与えています。ところで、Ｉメッセージとは、Ｉ（私は）を主語にする文章です。その反対がｙｏｕメッセージで、「あなたは」を主語にする文章です。たとえば、今回の例ですと、ボールに向かって一生懸命子どもには走ってもらいたいと思ったとします。その場合の声かけですが、「ちゃんと走りなさい」という場合、主語は「you（あなたは）」となります。つまり「（あなたは）ちゃんと走りなさい」と言っているわけです。それを「Ｉ（私は）」にかえると、事例のように「一生懸命走っている姿を見ると、お母さん（私）は、嬉しくなっちゃうよ」と私自身の気持ちを伝えることとなります。相手に何かやってほしい時には、ｙｏｕメッセージを使うより、Ｉメッセージを使うと柔らかい表現になり、こちらの要求を相手は受け入れてくれやすくなるのです。

　次に、アドラー心理学で大切な「課題の分離」という考え方を説明します。子どものスポーツと関わる際、実はこの視点がとても大切になってきます。つまり、目の前で起こっている出来事は、誰が困っていて最終的には誰の責任であるかを明らかにすること、これを「課題の分離」と呼びます。ベストセラーになった岸見一郎氏の『嫌われる勇気』の中に、「あらゆる対人関係のトラブルは、他者の課題に土足で踏み込むこと―あるいは自分の課題に踏み込まれること―によって引き起こされる」と説明されています。この「課題の分離」がスポーツ場面では、かなり難しいのです。

ここでは、指導者と選手との関係をエピソードとして取り上げてみましょう。

たとえば、ある日のサッカーの試合。A君はいつも得点を決めてくれるストライカー。今日はここ一番の大事な試合でしたので、A君にはぜひとも得点を決めてほしいと指導者は期待していました。ところが、どうもA君の調子がよくありません。パスをもらってもミスをして相手にすぐにボールを取られたり、ディフェンスでは最後まで追いかけず、簡単に抜かれてしまったりとふがいないプレーが続きます。期待していただけに、指導者は頭にきてしまいました。そこで、後半はメンバーを交代し、A君をベンチに下げました。結果として、試合は負けてしまいました。A君は交代させられたことでふてくされています。指導者は、試合に負けて気分が悪い上に、反省せずにふてくされているA君を見てさらにイライラが高まりました。そして、指導者はつい「誰のせいで試合に負けたと思ってるんだ」と、A君を怒鳴ってしまいました。

さて、この様子を「課題の分離」という視点で見てみましょう。まずは、誰が困っているのか。誰の問題なのかを考えていきます。試合に負けて困っているのは誰でしょうか。もし子どもが試合で失敗して、交代させられて結果的に負けてふてくされているのであれば、それは子ども自身の問題です。周囲の大人が「子どもがかわいそうだから」と過干渉になったり、必要以上に慰めたり、そして必要以上に怒ったりすることは不適切な行動となります。子どもが困っているのであれば、それは、子どもの問題であり、子ども自身が解決しないといけないのです。ですから周囲の大人は、子どもと一緒に問題について考え、子ども自身が解決できるよう「勇気づけ」を行うことが望ましい関わり方です。

一方で、指導者はなぜ怒鳴ってしまったのでしょうか。指導者自身が負けて悔しいと感じており、A君のプレーにふがいなく思っているとします。このような場合、試合に負けて困っているのは誰でしょうか。指導者であるならば、子どもとは関係なく、指導者自身の問題です。指導者は子どもの姿にイライラするのではなく、これはあくまでも指導者側の課題であることを認識する必要があります。

このような考え方が課題の分離です。指導者自身の問題であれば、ご自身で次にどうすればよいか考えるとよいのです。そうすると、自然に子どもへの接し方を工夫してみようという考えが浮かぶかもしれません。その際、共同体感覚を重視しながら、自分も、子ども達も大切に扱われ、お互いの力を出し合って「勝つ」ことを目標にするような行動が求められるのです。子どもたちにスポーツの指導をしていると、ついつい力で子どもをコントロールしようとする気持ちが生まれてくるかもしれません。しかし、力でコントロールして子どもの課題に土足で踏み込むのではなく、あくまでも子ども自身が自分の課題を担えるように「勇気づけ」を行ってほしいのです。子ども達が自分の課題を担っていけるためには、失敗をした際、「次にどうすればよいか」を一緒に考えて、行動を促していくとよいのです。たとえば、先ほどのA君の場合ですが、A君が困っているのですから、まずはA君の気持ちに共感してA君との信頼関係を作ります。そして、次にどうすればよいのかを、指導者が答えを示すのではなく、A君と一緒に考えていきます。この方法は、まさに先ほど保護者の例としても挙げましたが、指導者も同じ関わり方ができます。

（試合終了後の指導者とA君との会話）

指導者「A君、今日の試合悔しかったか」

A君「はい」

指導者「どこがうまくいかなかったと思うか？」

A君「ディフェンスです」

指導者「そうか。どのあたりがうまくいかなかったと思う？」

A君「どうせ走っても追いつけないやと思ってしまって、ついつい諦めてしまいました」

指導者「そうか。よく自分で気づけたな（勇気づけ：今できていることを認める）。じゃあ、次回どんな工夫ができるかな（勇気づけ：過去の失敗にこだわらず、解決志向へ）」

A君「抜かれても『あきらめるな』と合言葉を作って、最後まで走る」

指導者「なるほど。おもしろいアイデアだね（勇気づけ：本人の工夫を認める）。試合中、急にできるかな？」

A君「難しいかもしれないので、練習の時から合言葉を使う練習をしてみる」

指導者「なるほど。それはいいね。ぜひやってみて。そして何か違いがでたかどうか教えてね」

その後、少し時間を置いてA君に「やってみてどうだった？」と声をかけてみるといいでしょう。このように、あくまでも困っているのはA君であって、課題はA君が背負っていく必要があります。A君自身が課題を解決できるよう声をかけていき、その後の様子をフォローしていく。ここでもしうまくいかなければ、また一緒に解決方法を考えればいいのです。スポーツの分野でうまくいかないと感じた時は、「このことで困っている人は誰か」という視点で、課題の分離を意識して、課題がある人が自分で解決できるように勇気づけを行うことをぜひ意識してほしいと思います。

◆コラム3　森田療法を用いた選手への心理サポート

私たちは、森田療法的視点から選手用メンタルトレーニングワークシートを開発し、実際にバスケットボールクラブチームにいる中学生選手18名を対象に心理サポートを行いました（藤後・浅井・勝田ら、2016）。はじめに選手全員を集めて簡単に森田療法の考え方を説明して、メンタルトレーニングワークシートを渡しました。このワークシートには、森田療法のキーワードがわかりやすく書き込まれているので、いつでも読み返すことができます。

その後ワークシートの中にある日記のページを使って、選手とやりとりをしました。このように森田療法では、日記を使うことがよくあります。日記にはその日の出来事や感じたこと・考えたことを書いてもらいます。日記を通して自分の考え方が整理できます。また、自分の日記を他者が読んで肯定的なコメントを書いてくれると、支えられているという感じがするものです。このこと自体が選手にとってはサポートとなります。

心理サポートの様子

サポートの効果を見るために、選手には、事前に簡単な心理検査をしてもらいました。その結果を踏まえて、選手や保護者の方に個別面接を行いました。写真はその時の様子です。選手も真剣に話を聞いており、選手からも様々な質問がなされていました。メンタルトレーニングワームシートはホームページから無料でダウンロードできますので、興味のある方はぜひご覧ください（https://togotokyo101.wixsite.com/mysite）。

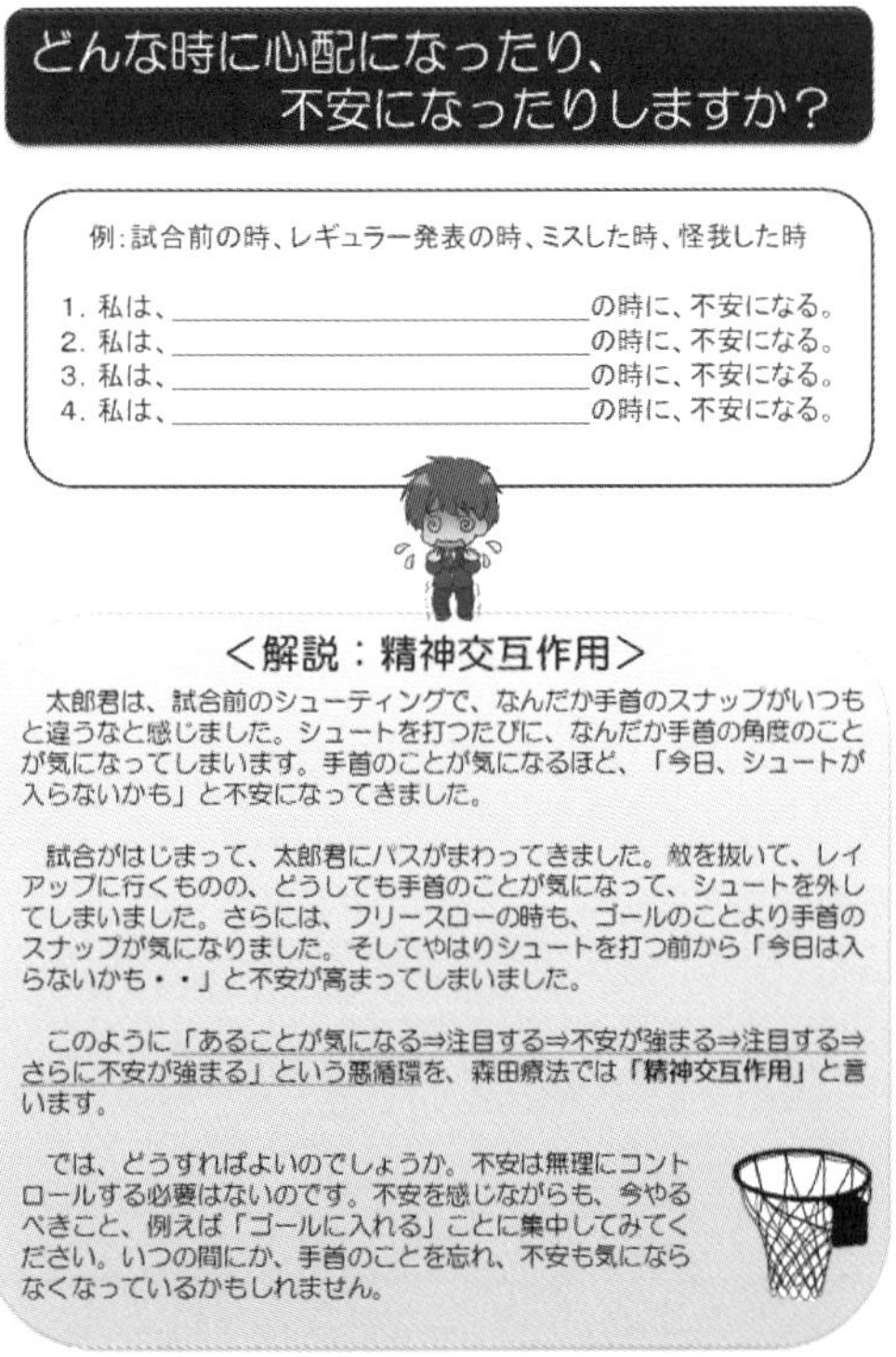

どんな時に心配になったり、
不安になったりしますか？
例：試合前の時、レギュラー発表の時、ミスした時、怪我した時
1．私は、＿＿＿＿＿＿＿＿の時に、不安になる。
2．私は、＿＿＿＿＿＿＿＿の時に、不安になる。
3．私は、＿＿＿＿＿＿＿＿の時に、不安になる。
4．私は、＿＿＿＿＿＿＿＿の時に、不安になる。
＜解説：精神交互作用＞

太郎君は、試合前のシューティングで、なんだか手首のスナップがいつもと違うなと感じました。シュートを打つたびに、なんだか手首の角度のことが気になってしまいます。手首のことが気になるほど、「今日、シュートが入らないかも」と不安になってきました。

試合がはじまって、太郎君にパスがまわってきました。敵を抜いて、レイアップに行くものの、どうしても手首のことが気になって、シュートを外してしまいました。さらには、フリースローの時も、ゴールのことより手首のスナップが気になりました。そしてやはりシュートを打つ前から「今日は入らないかも・・」と不安が高まってしまいました。

このように「あることが気になる⇒注目する⇒不安が強まる⇒注目する⇒さらに不安が強まる」という悪循環を、森田療法では「精神交互作用」と言います。

では、どうすればよいのでしょうか。不安は無理にコントロールする必要はないのです。不安を感じながらも、今やるべきこと、例えば「ゴールに入れる」ことに集中してみてください。いつの間にか、手首のことを忘れ、不安も気にならなくなっているかもしれません。

図1　選手用ワークシートの例

第5章　保護者を含めたチームビルディング

とあるバスケットボールの試合での様子(中学校)。
試合を観戦する保護者達のためにラインぎりぎり
まで椅子が必要になります。

前章では、子どものスポーツに関するモチベーションを高めるにはどのようにしたらよいのかについて、私たちの専門である心理学の知見からご紹介しました。その際、あくまでも指導者と子どもの一対一関係に限って話を進めました。けれども、多くのスポーツでは集団指導が行われています。サッカーやバスケットボールなどのチームスポーツは言うまでもありませんが、テニスや剣道、水泳などの個人スポーツにおいても、通常複数の子どもを一緒に指導します。そのため、指導者は子どもたちの集団についてどのように対応できるかを念頭に置いておいた方がよいでしょう。心理学では、人は「社会的動物」と言われます。つまり私達は、他の人たちの影響を否応なく受けて生活しているのです。だからこそ、仲間との関係性を効果的に使うことがよいでしょう。さらには、ジュニアスポーツにおいては無視することができない保護者に対して、どのような対応ができるかも見ておきたいと思います。

1　チームビルディング

チームビルディングとは、行動科学の知識や技法を用いて組織力を高め、外部環境への適応力を増すことをねらいとしています（土屋、2004）。チームビルディングには、チームの組織風土の変化を目的とする間接的アプローチと、メンバー個々への働きかけを重視する直接的アプローチがあります。

間接的アプローチは、指導者などのスタッフが研修などでチームビルディングとしてのコーチングスキルを高めることで、チーム全体の指導力を高めるという方法です。直接的アプローチとしては、選手を対象としたグループワークを実施して相互理解を深めたり、ミーティングを活用して心理教育プログラムを実施したりすることが考えられます　多くのチームでは、チームビルディングを通して相互理解が深まるのみでなく、最終的には競技力の向上を期待することとなるでしょう。ここでは、チームビルディングを通したモチベーションを高める方法を紹介します。指導者や選手が対象であることはもちろんですが、実は応援席の保護者やOBもまたチームビルディングへの影響は大きいのです。チームの士気には、子ども達のモチベーションが関係します。モチベーションを高めるためのポイントは4つあります。①チームポリシーを明確にする、②自主的行動を重視する、③目標設定、④ミスした際の対応を統一する。この4点を応援席も含めたチームの方向性として、関係者全員と共有することが大切です。

①チームポリシーの明確化

自分たちが所属するチームが何を目指すのかを明確にします。端的に言えば、勝つことを目指すのか、楽しむことを目指すのか。勝つことを目指すのであれば、どのレベルのものを目指すのか。そのために、チームのみんなに求めることはどのようなことかなどといったチームの方針がこれにあたります。ただし、このチームの方針を決定する際は、指導者が一方的に決定するのではなく、子ども達とともに考えて一緒に決めるというプロセスが重要です。自ら決めたチーム目標は、自ら遂行しようとするものだからです。

②自主的行動を重視する

近年教育現場では、アクティブラーニングが盛んです。アクティブラーニングとは、学びの質や深まりを重視するために、課題の発見と解決に向けて主体的・協働的に学ぶ学習（中央教育審議会、2014）のことです。たとえば、戦略を考える際も、指導者がすべて答えを出すのではなく、選手自身に考えさせ、どのような方略があるのか、また練習についても、どの練習内容がどのような目的に合致するのかを選手自身に考え試させることが主体的行動につながっていきます。しかし、子どもたちの考え方がすべて正しいとは限りません。時間や場所、費用などといったさまざまな制約もあることでしょう。その点は随時、指導者が現実を投げかけ、選手達には、再検討してもらいます。しかし、最終的には本人たちが作り上げるというプロセスを大切にすると、モチベーションが高まります。

③目標設定

主体的なチームが形成されると、子どもたちは自ら進んで練習するようになります。しかしながら、競技レベルというものは、徐々に向上するわけではありません。停滞期を経て、学習効果が表れることが多いものです。練習しても結果が出ない時期にはモチベーションは下がりやすいので、個々に長期目標、短期目標を分けて設定し、具体的な行動スケジュールを決めてもらいましょう。そして、その管理を指導者が行い、結果が出なくても努力している姿を認めていくのです。

④ミスをした際の対応を統一する

アメリカで有名なスポーツの指導方法であるＰＣＡ（Positive Coaching Alliance）のダブル・ゴール・コーチングでは、ミスをした際、統一のサインを決めておくことを推奨しています。たとえば、水に流すという意味で肩のごみを払うようなサインがその例です。動作を含めたサインを子どもおよび指導者ともに行うことで、場面を切り替え次のパフォーマンスに集中できます。これは、応援席も同様です。ミスした子どもに「何やってるんだ」と罵声を浴びさせるのではなく、「ドンマイ」「グッドトライ」など、動作を伴う前向きな応援の方法を作っておきましょう。そうすると、選手には「批判」ではなく「応援」として周囲の声が響いていきます。

最後になりますが、このチームビルディングは誰が行うのでしょうか。もちろん指導者がチームのリーダーとして行うことが多いものですが、指導者に限る必要はありません。ラグビーの日本代表チームのメンタルトレーナーであった荒木香織さんの方法もとても参考になります（荒木、2016）。荒木さんは、選手の中からリーダーグループを作成し、荒木さんの助言のもと、そのリーダーグループが中心となってチーム運営を行っていきました。これは日本代表チームのことですので、そもそもジュニア期の選手と比べると力量が異なるかもしれませんが、チームの中でリーダーズグループを形成し、指導者がそのリーダーズグループを育てていくという方法も試してみる価値はあると思います。

いずれにしろ、それぞれのチームにおいて状況は異なると思います。これらを参考に、ぜひみなさんのチームでも試行錯誤しながら自分たちのチームに合った方法を見つけ出してほしいと思います。

◆コラム４　叱らない指導方針

今回紹介するＲ＆Ｂラグビークラブは、帝京大学ラグビー部が運営のサポートを行っています。地域に根差したジュニア（幼児から中学生まで）の子ども達が参加するチームで、「ボランティア主体の地域スポーツ」に当てはまります。

Ｒ＆Ｂでは、子どものスポーツ現場で「叱る」「怒鳴る」は必要ないという考えのもと活動しています。活動の目標は「成長」。そしてこの「成長」とは、子ども達のみでなく、大人の「成長」も含みます。この両者の成長を実現するための指導方針が次の５項目です。

①**怒鳴らない（否定しない、叱らない）**　子どもを怒鳴りません。子どものプレーを絶対否定しません。子どものプレーを一旦認め肯定します。

②**問いかける（尋ねる）**　怒鳴らず、否定せず、コーチは子どもに問いかけ（尋ね）ます。

③**考えさせる**　問いかけ、子どもの考えを訊きます。改善点があればどうすればよくなるか問いかけ、子ども自身に考えさせます。

④**気づかせる**　ヒントを与えたりしながら子ども自身が気づけるよう導きます。

⑤**楽しむ**　大人に認められ、自分で考え、自分で気づき、できることが増えると「自信」を持ち、積極的になり、楽しくなります。

指導方針は、徹底されます。ＨＰにも『絶対「叱りません」絶対「怒鳴りません」』と明記されています。子どものスポーツの環境としては、理想的にも思えるチームですが、この方針が確定するまでには、じつは紆余曲折がありました。

このクラブは、もともと子どもにラグビーを伝えたいという熱意をもった大人たちが自身の子ども達とともに始めました。大学ラグビーの全国制覇に導いた帝京大学の岩出雅之先生のご協力のもと、グラウンドを無料で貸してもらえることとなり、ラグビークラブが開始されました。大学生も子どもたちと関わってくれ、和気あいあいに活動していました。指導するのは保護者コーチが主です。これはどこのチームでもよくあることですが、子どもやコーチ達の人数が増えると、コーチ達の色が強くなってきます。たとえば、幼児グループ、低学年グループ、中学年グループ、高学年グループなどカテゴリーがあるとします。それぞれのカテゴリーで方針や雰囲気が異なってくることも地域スポーツでは茶飯事です。R&Bでもカテゴリー間で指導方針の食い違いが起こってきました。そこで、一度チームとしての方針を確立しようと、岩出監督を交えて何度も話し合いをしたそうです。チームは大人のためでなく、子ども達や学生のためであることを基軸とし、どのようなかかわりが子ども達にとってベストであるかを考え、岩出監督の実際の指導の様子をビデオに撮り、勉強会を開いたそうです。そして行き着いたのが、現在の指導方針でした。

ある時、代表の檜谷さんが虐待防止のシンポジウムで話していた言葉がとても印象的でした。檜谷代表の話は、はじめに「私たちのチームが最も大切にしていることは」との前置きがありました。私は次に続く言葉は、「勝つこと」または理想的に「成長」と言うのかしらと思っていました。すると、檜谷代表はニコニコしながら「安全です！」と仰いました。「子ども達が毎回練習に来てくれて、楽しんで練習をし、そして安全に帰ることとです」と、さも当たり前のように話してくれました。思わず私も「確かにそうだな」と微笑んでしまいました。今までさまざまなチームの方と話す機会がありましたが、

「安全」を最優先にしているところは数少なかったように思います。Ｒ＆Ｂは、もちろん「安全」のみでなく、前述した「成長」がチームの要の目標となっています。現在の部員数は、１２３人（２０１７年４月現在）。都内有数の大規模なクラブチームに成長しています。

先日、檜谷代表にインタビューをしてきましたので、その一部をお伝えします。

Ｑ　Ｒ＆Ｂの方針に合わずに辞めていく人はいますか？

Ａ　いますよ。試合に全員出すところが合わないみたいですね。強い子は「もっと試合に出たく物足りない」と。それは子どもが言っているのか、親が言っているのかわからないですけどね。

Ｑ　方針が変わって変化は？

Ａ　コーチ達が戸惑っていました。どう声をかけたらいいのかわからないって。たとえば、「コートの枠の中でやろう」と伝えてとコーチ陣に伝えると、「枠から出るな！」「線から出るな！」とついつい叫んでしまったりします。そうではなく、「どうしたら出なくなると思う？」と投げかけてほしいんだけどね。プレーでも、失敗した時には、「なんでパスしたの？」「なんで右に行ったの？」と子ども達に尋ねて、彼らの言い分を「なるほど。なるほど。そっか」と聞いてあげる。その上で、「それじゃどうしたらいいの？」と聞いてほしいのですがね。でも試合の時は、「ついつい強い口調で言っちゃうこともある」とコーチ達は言ってますね。特に自分の子には言っちゃうらしくて。その時には「帰りの車の中で『言いすぎたからごめんね』と言ってあげてね」と伝えています。

その他に、親にお願いしていることは、「車の中では絶対怒らないでください。『頑張ったね』

と伝えてあげてください」と。それから、「幼児とか途中で疲れて休んだりすることがあるでしょ。それは十分に休ませてあげてね」と。練習できていないからって、それで親は自分を責める必要はないし、プレッシャーを感じることないからと伝えています。

このチームの子どもたちは試合中にあまりコーチを見ません。自分たちで楽しむことが中心なのです。しっかり整列したりせず、話を聞いていない子もいるので、「だらしない」と批判されることもあるそうですが、そのようなときにはコーチが謝るのだそうです。「もちろん子ども達には『話を聞こうね』と呼びかけますが、話す時間や魅力ある話をするなど大人側の工夫が必要です」とのこと。あくまで子ども目線の指導にたいへん共感を覚えました。

2　調査からみられるキーワード「適切な距離」

これまでスポーツ科学領域における選手育成においては、その対象が保護者のサポートをさほど必要としない成人の選手でした。また年少であっても、自立した目的意識を持つプロ志望の選手でした。そのため、指導者と選手が良好な人間関係を構築することの重要性やその手法については指摘されているものの、指導者と選手の保護者の人間関係についてはあまり注目されてきませんでした。けれども、趣味としてスポーツをたしなむ層もまたたくさんおり、一般の子どもたちのスポーツを考えていく際、成人やプロ志向の選手について得られた知見をそのまま応用するわけにはいかないでしょう。

第3章4節でご紹介した調査において、少なからずの指導者が子どもたちの保護者との関係構築に難しさを感じていることが示されていました。指導者自身も保護者の一人である場合には家族ぐるみの関係もあったりして気をつかいますし、そうではない場合には現代の子どもや保護者というものがわからないためにアプローチのしかたが難しいと感じることでしょう。そのため、保護者との適切な距離感や人間関係を構築できる能力は、実は、ジュニアスポーツの指導者に求められる主要な資質の一つになっています。

私たちの一連の調査結果を鑑みると、保護者たちがチームにとって必要なことがらについて協力してくれるが干渉はしない、「適切な距離」にいることが指導者たちにとって理想とされているようです。

これはスポーツに限らない、一般的な子育てにも当てはまることかもしれませんね。学校関係で「モンスターペアレント」「ヘリコプターペアレント」などという言葉があるように、子どもに何かあると過剰に学校の責任を問う保護者が問題になっています。そのため、上手な子離れが必要だと議論されます。

「子離れ」と言うと、一切子どもに干渉しないようにしなくてはならないのかと勘違いされる方がいますが、心理的には離れてはいけません。幼いころは手を出していたのを、少し大きくなれば口を出すだけにとどめ、さらに大きくなれば時折声をかける程度にし、さらに大きくなったら自分からは口を出さず子どもが困って相談したくなったときに傍にいるようにします。そのようにして少しずつ自立していく子どもから離れていくことが理想的なのです。これはスポーツについてもまったく同じで、「見守る」態度が大切だと思われます。ただ、ややもすると保護者は自己実現を子どもに託してしまうことがあり、わが子の成長に心を注ぐあまり過干渉になりがちです。また、そこまでではなくても、「おそらく早道で正解に近いやり方」がわかっていて、そして子どもをとても大切に思っているので、頭では理解していても、子離れの実践は難しいものなのです。

ただ、ここで忘れてはいけないのは、保護者は子どもたちの一番の味方だということです。保護者がスポーツに前向きであるほど、子どももスポーツ好きに育ちます（e.g. Spreitzer & Snyder, 1976）。これはスポーツをやっているときに励ましたり褒めたりすることの効果に加えて、保護者がロールモデルとなることによると言われています。これは実証されてもいて、たとえば、金崎・橋本（1995）がスポーツ行動を継続する中高生に関して調べた研究では、スポーツへの入れ込みが強い人の特徴として、両親がスポーツ好きであること、父親のスポーツ経験が豊かであること、スポーツをしている兄弟姉妹がいること、小中学校時代にスポーツを行う施設に恵まれていたことなどが挙げられています。また、オリンピック出場選手を対象とした調査でも、その競技を始めたきっかけとして半分以上が家族を挙げていますし（読売新聞，2017c）、幼稚園児の保護者対象に調査を行った丸山（1984）は、スポーツの習い事をさせている家庭の方がそうではない家庭よりもスポーツへの関心が高いことを見い出しています。また、スポーツ大会のインタビューを聞いていると、選手たちも応援の力は認めています。たとえば、陸上の１００メートル走で日本人初の10秒未満のタイムを出した桐生選手は「笑顔でゴールし、周りが泣いてくれた。最高のレースだった」と語っています（読売新聞，2017b）。つまり，応援に来た周りの人々が泣いてくれたことで最高のレースになったということですよね。甲子園でも試合後のインタビューで「応援が力をくれました」「応援が後押しをしてくれました」などのコメントがよく聞かれます。これらのコメントには日本人的な建前が混ざっているかもしれませんが，保護者をはじめとする観客の応援が子どもたちのモチベーションを高める部分があるわけです。

保護者や仲間の影響は日本をはじめとする東アジアでは特に高い可能性があります。文化心理学によれば，アメリカやヨーロッパでは自分は周りの人たちからは切り離された存在であるととらえる相互独立的自己観が優勢なのですが，東アジアでは相互協調的自己観が優勢だと論じています（Markus & Kitayama, 1991）。つまり，「重要な他者に囲まれ影響を受け合っている自分」という人間観を持っているため，重要な他者の価値観や意向の影響を受けやすいと言われているのです。

もし保護者たちが子どもたちを追い込んだりせずに，共感的に対応しながらもチームのみなを励まし，チームのために目標を持って練習することの意義を伝えることができれば，これほど心強いことはないでしょう。保護者には，子どもたちの一番の応援団になってもらわなくてはなりません。

このような距離感を保護者たちと保つためには，指導者としてはどのような工夫がありえるでしょうか。この章の後半では，保護者を含めたチームビルディングについて扱いたいと思います。

その前に，確認しておきたいのは保護者のニーズです。多くの方が指摘していることですが，子どもにスポーツを始めさせる保護者の動機は一様ではなく，そのスポーツへの思い入れの強さもまた一様ではありません。たとえば，都内の幼稚園で行われた調査によれば，子どもにスポーツの習い事をさせる際に、保護者は、「より健康で丈夫になってほしい」「元気ではきはきした子になってほしい」「頑張りのきく子になってほしい」「協調性のある子になってほしい」など、心身ともに積極性を求めて参加させるケースが目立ちましたが、そのスポーツの上達を挙げる保護者がいないわけではありません（丸山、1984）。保護者が子をスイミングスクールへ入会させた動機を調査した永吉ら（1976）もまた、主な入会理由として、健康面「一層丈夫に」、技術面「泳げるように」とともに、性格面「根性・がんばりがきく子に」が多く挙げられていることを報告しています。このような傾向はあまり現在でも変わっておらず、地域スポーツの母親対象に私たちが行った調査でも、その種目がうまくなってほしいという動機よりも、努力の大切さを理解してほしい、ともかく体を動かしてほしいなどの動機の方が平均としては高くなっていましたが、人によりさまざまでした（大橋・藤後ら、2017）。

通っている場所による違いを見た研究もあります。水上ら（2000）は、愛知県のクラブチームとスポーツ少年団に子どもを所属させている保護者に対して、その加入動機を尋ねました。すると、運動が好きになること・健康になること・スポーツができるようになることについてはもちろん、友達ができること・協調性や積極性の育成についても、保護者は高い期待をしていることがわかりました。さらに、根気・頑張りのきく子になること、礼儀正しい子になることについてもある程度期待していましたが、スポーツクラブよりも、少年団に通わせている保護者においてよりその期待は強くなっていました。

中学校の部活動についても似たような結果が得られています。選択肢が調査によって違いますので比較は難しいですが、中学校の運動部員の保護者に対して行われた調査によれば（文部科学省、1997）、運動部での活動の効果として「人間的な成長」が圧倒的に多く選ばれており、「充実した生活」「体力の向上」がそれに続いていました。友達づくりや選手としての活躍も選択肢にありましたが、選んだ保護者はごくわずかという結果でした。

ちなみに、子ども自身は、どのような理由でスポーツを始めるのでしょうか。子どもや若い指導者に聞いてみると、その競技が好きだから、うまくなりたかったから、体験で参加してみて楽しかったから、友達がやっていたからなどが挙げられました。また、小学生がスポーツクラブに通うきっかけについて尋ねた加藤（1995）は、「うまくなりたい」「面白そう」「そのスポーツが好き」が多く、「体を鍛えたいから」「運動をしたい」が続いたと報告しています。小学生以下が対象の調査は、残念ながらこれくらいしか見つからないのですが、中学生の運動部への入部の理由については、先ほどの文部省の調査があり（文部科学省、1997）、「そのスポーツを楽しみたかったから」（49・8％）、「そのスポーツをうまくなりたかったから」（42・3％）が多く、「体を鍛えたかったから」（23・4％）がそれに続いていました。

ジュニアスポーツは、商業的なプロスポーツとは常に区別して考える必要があります。成長途上にある子どもの行うアマチュアスポーツにおいては、勝負の楽しみもさることながら、選手である子どもたちの心と身体の成長がスポーツのなによりの成果です。ここでご紹介した調査からも、保護者やおそらくは子ども本人も技術的な向上や勝利の体験を最大の目標にしているわけではなく、人間的な成長や体力の向上の効果がある楽しい活動を求めているケースが多いことがうかがえます。

そのため、技能の完成を目指す指導ではなく、今持っている技能で楽しむことを目指す指導が期待されるでしょう。「できたこと」による喜びは、スポーツ生活のみならず学習を含む様々なことへのやる気を高めるからです。

ただ、先述したように個人差も大きく、保護者達が求める競技レベルや得たいものが異なることが原因ではないかと思われる葛藤は、地域スポーツの保護者を対象にした調査からも明確でした（藤後・井梅ら、2016）。具体的には、保護者同士の感情的ないさかいはチーム内でレギュラーと非レギュラーが明確になり始める4年生から増え、試合に出られるか出られないかに関連して悩みを持つ親子の存在が指摘されています。また、指導者が率先して上手な子をひいきするチーム風土を作り上げてしまうこともあり、身体を動かしたいとか居場所づくりを目的に参加している子どもにとって違和感が生まれてしまいます。そのため、集団を指導する場合にはさまざまなニーズがありうる中で、いかにチームビルディングをしていくかが課題となります。

◆コラム5　自ら考えさせること

スポーツには「練習」がつきものですが、量をこなすのではなく、目的をもって行うことがとても大切です。そのため、指導者は、何を目標にしたいのか、そのためにはどうしたらいいのか、やったら何が起こるのかなど、活動の意味を伝える必要があります。それは大きな目標（みんなで強くなる、など）もあれば、小さな目標（シュート率を上げる）もあるでしょう。これは年齢が大きい子どもしか無理かと言えば、そうでもありません。低学年であっても、全体像と今回の活動との関係を見せることには意義があります。それは、モチベーションを維持するには統制感や自己効力感が必要で（コラム2参照）、そのためには「上達している感覚」と「目的を持って取り組む」ことが大切だからです。

そのため活動の例として、このような流れが考えられます。まず、練習時間のはじめに試合をします。その試合の中で子どもたちに、指導者がある部分に意識的に焦点を当てて声掛けをしていきます。たとえば、サッカーでしたらシュートだったり、トラップだったり、パスであったり。その後全体に対して今日のテーマはシュートだと明言して意識させ、そこに焦点を当てた技術練習を行います。このようにすると、なぜその練習が必要なのかが腑に落ちやすいです。そして、練習時間の最後にふたたび試合を行います。そして、そのときに、今日のテーマに関して褒めて回ります。できていなくても、やろうとしていたら褒めます。たとえば、「今、意識していたよね！」のような言葉で。このように指導者がしっかりと見て褒めてあげることで、子どもたちは「練習をすることで成長した」と感じることができます。心理学の言葉を使えば、自己効力感、つまり、自分の行動が結果にきちんと反映されるものであって努力すればできるようになるのだと信じる気持ちを育てることで、努力をするように仕向けているのです。

こうやって焦点をあてた内容については、繰り返し扱うようにすると忘れにくくなります。私たちは覚えたことをすぐに忘れてしまうと思いがちですが、実は、一度覚えたことは、忘れてもまたつぎに覚えたときに能率が良く覚えられるのです。これを記憶痕跡と呼びます。コツは、すっかり忘れ切る（記憶痕跡が消えてしまう）前に、もう一度「覚える」作業をすることです。勉強法に、「授業ノートの見直しをその日のうちに行う」というものがありますが、これは記憶痕跡の応用です。知識的な勉強ならその日の終わりにノートを見返すと効果的ですし、身体を動かすトレーニング的なことなら一週間後にもう一度でも十分効果が見込めるでしょう。

ところで、練習のメニューや試合での戦略は誰が立てるものでしょうか。小学生対象のジュニアスポーツの場合、指導者が決めているケースが多いと思いますが、ある程度経験が積み重なってくると子どもたち本人が考えることもできます。実際、中学校以上の部活動での練習メニューは顧問やコーチではなく、部長や主将が中心となって立てるというチームもよく聞きます。小学校高学年以上では、どの部分に焦点を当てた練習をすべきか、自分たちで考えることができるでしょう。問題点を自分たちで話し合うことで、思考力が鍛えられますし、チームビルディングも高まります。私の息子がいたチームでは高学年になると試合に出るメンバーと配置をときどき本人たちに考えさせていました。子どもたちは、ホワイトボードを囲んで円陣を組んで、わいわいとフォーメーションを考える中で、お互いの長所・短所を見ることやサッカーの戦略について学べたと思います。

3　保護者を含めたチームビルディング

以前に息子のサッカーの試合の応援に行ったときのことです。対戦相手のチームの親御さんらしき数名が、応援席から「もどれ」「あっちにつけ」と叫んでいました。「がんばれ」「いいよ！」のような言葉は純粋な応援ですからいくら大声で叫んでも問題ありませんが、子どもに特定の動きを伝える言葉は「指示」になってしまいます。サッカーでは（他の競技でも？）、応援席からの指示は違反行為に当たりますので、しばらくしたところで審判から注意を受けていました。

友人の娘さんのバスケットボールでは、試合の際に保護者席がわがことのような盛り上がりで、優勢に出ているときのにぎやかさといったらないのですが、攻め上がっていって最後にシュートを外してしまったときには大きなため息が聞こえるそうです。野次が飛んだりするわけではありませんし、その後「取り返していこう」などの励ましが入るそうですが、自分の子どもや親しい子どもがそのようなミスを犯したときのその一瞬のため息が友人にはつらいそうです。また、体育館の中は音がよく聞こえるので、コート内にいる子どもたちにも聞こえてしまいます。シュートを外したとき、真っ先に応援席を心配そうに振り返るお子さんもいて心が痛むそうです。

知り合いの息子さんの野球チームでも、お父さんたちが仲良く指導をしていてほほえましいのですが、試合になると応援席からつい怒鳴ってしまう方がいるそうです。

保護者集団の応援は子どもたちのパワーになりますし、チームの雰囲気にも影響を与えます。そのため、協力的な保護者集団を作ることもまた、指導者の課題になってくるでしょう。

興味深いことに、多くのチームで批判や攻撃的な態度は、ある特定の人のみが行うのではなく、チーム全体に伝播しているようです。先輩保護者の態度を新しく入ってくる保護者たちが引き継いでいきます。これははっきりと意識しているわけではないでしょうが、攻撃的な応援態度を表立って問題視する人がいなければ、チームとして、「強いことが良い」「下手な子を非難してもよい」という価値観を暗黙のうちに容認することになります。

これは心理学の用語を使えば「同調」で説明することができます。同調というのは、自分の意見や行動を他者に合わせて変えることを指します（本間、2011）。人が同調するときには、規範的影響と情報的影響という二つの理由があると言われています。規範的影響というのは、他の人と同じ言動をとらないとまずいことが起こる、あるいは同じ言動をとればよいことがあるために、自分の損得を考えて人は影響を受けるということです。たとえば、いじめに加担してしまった子どもが「いじめる側につかないと次は自分がターゲットにされるから」といじめた理由を語りますが、これはいじめ行動に同調をしないことに伴う「まずいこと」があって、それを避けようとして同調する例になります。一方、情報的影響というのは、何が正しいか自分でよくわからない場合に、多くの人があるやり方・ものを選んでいればそれを正しい情報として受け入れることで、人は影響を受けるというものです。たとえば、外食する店を選ぶ際に、列ができていればおそらくその店はおいしいのだろうと推測するというのがその例になります。

先ほどの応援席での保護者集団の例に戻りますと、ここにはまず情報的影響が働いていると考えられます。つまり、保護者としてはじめて子どもの試合を観戦するときは、どのような態度が良いのかよくわからない保護者も多いことでしょう。そのときにもし先輩保護者たちが攻撃的な応援をしていれば、スポーツは勝敗を決するものですし、子どもの試合であっても応援はこのようなものなのだと考えて、同じような応援のしかたをする（同調する）だろうということです。保護者も感情を出した方が良いとか、少しきつい言い方のほうが子どもたちは鼓舞されるものだと、考えてしまうかもしれません。

また、規範的な影響が働いている可能性もあります。つまり、先輩保護者たちが大きな声で声援を送っていたら、声をしっかり出さないと「真面目に応援しない不熱心な保護者」だと他の保護者たちや指導者に思われてしまうかもしれない（同調しないことによる不利益）と恐れて、やたらと声を張り上げるとすれば、これは規範的影響の例に当たります。規範的な影響は疎遠な集団よりも仲が良い集団でより強いため、チームの保護者集団の団結力が強い際に特に注意を払う必要があります。

それでは、協力的な保護者集団を作るために指導者に何ができるでしょうか。

まず、心に留めておいていただきたいのは、指導者はそのチームのリーダーであり、影響力が大きいということです。もちろんリーダーが言えばすべてに従ってくれるわけではないでしょうが、リーダーの思うところを明確に示しておく必要があります。子どもたちに対しては指導のたびに会っているわけですから、指導者のスポーツに対する考え方・姿勢、子どもたちの理想の姿などを伝えることができるでしょう。でも、保護者にはどのように伝えていったらよいでしょうか。

まずは、保護者に協力してほしいことを伝えるために場を設けることです。おそらく多くのスポーツクラブでは、保護者会や保護者説明会が定期的に行われていると思われます。まずはこれを活用することになるでしょう。まったく行っていない場合も、参加者は少ないかもしれませんが、まずは行い、指導者のスタンスを伝える「姿勢」を見せることが大切です。難しければ、お便りから始めてみてもよいでしょう。面倒かもしれませんが、保護者集団を味方につけることは後々効いてきます。

具体的な内容としては、①チームにおける親の役割分担（やってほしいこととやってほしくないこと）、②チームの方針や選手起用についての明確な指針、③気になることがあるときの相談先、を説明したらいかがでしょうか。③に関しては、運営形態によっては保護者の組織があると思いますので、そちらにお任せすることをお勧めします。また保護者会の運営自体も保護者の代表にやってもらう方がスムーズかもしれません。というのは、保護者同士はスポーツとは関係ないところでも交流があるものですし、同じ保護者という立場の人から言われた方が同じ内容であってもすんなり納得できるところがあるからです。ボランティア的な運営の場合は特に、保護者は指

写真 5-1　保護者のあつまり

導者に一定の敬意と感謝を持っているものです。継続的に保護者とのコミュニケーションの場を設ける姿勢を見せる、これが大切だと思います。

筆者らは2017年早春、アメリカのカリフォルニア州のジュニアスポーツの現場を訪問しました。その中で見学した、開始前の全体保護者会の様子をご紹介しましょう。なぜアメリカなのかと言えば、アメリカはジュニアスポーツが全般的に日本より盛んで、また、指導についても改革の発祥の地の一つだからです。これはそもそもスポーツ観の違いが影響している部分もあります。日本では、スポーツ教育が、伝統的に運動を手段にした教育という側面に偏重していて、スポーツそのものにはあまり価値を置いていないと言われています。スポーツ研究家によると（永島、2000）、スポーツとは運動とは異なり楽しむものだという含意があるそうですが、日本においてスポーツはいまだ健康のため身体づくりのためという意識が強いようです。そのため、生涯スポーツの意義が声高に唱えられてはいるものの、日常的にスポーツ・運動を行っている層は働き盛りの30代から50代では20％前後と少なく、とても定着したとは言えません（厚生労働省、2016）。働き方の問題もあるため単純な比較は難しいですが、日本のジュニアスポーツの未来を考えるうえで学ぶことが多いのではないかと考えたのです。

ここでアメリカのジュニアスポーツのシステムを簡単にご紹介していきましょう。アメリカにおけるジュニアスポーツのプログラムは、やりすぎによる身体への負担を防ぐ観点からシーズン制がとられています。また、チームは、一般に、選抜がなく楽しみに焦点を当てるレクリエーション的スポーツ（recreational sports）と、他の地域を含めて試合を多く行い技術向上に焦点を当てるがためにシーズンが長く練習回数も多い競争的スポーツ（competitive sports）との二種類に分かれています。どちらの種類にしてもシーズン制を敷いていて、年間の特定の時期のみ実施されます。毎年シーズン開始に合わせて参加者を募集しますので、翌シーズンも継続したい場合には、もう一度応募して登録する必要があります。逆に言えば、そのスポーツに合わないと思えば次のシーズンに戻らないことはまったくの自由です。

2月末の土曜日の午後、サンフランシスコ東海岸のタグラグビーの保護者会に参加しました。シーズンはじめの保護者会で、初めてこのタグラグビーのチームに参加する人と何回目かの人も含め、今シーズン参加予定の保護者と子どもたち１３０人程度が集まっていました。前半はチームの方針の説明ということで、チームの方針や練習・遠征の様子、指導方針、スポンサーなどの紹介がなされました。後半は、より良い保護者の関わり方について外部講師によるワークショップが組まれていました。具体的には、応援の際の良い例悪い例、親にしてほしいこと・してほしくないことが扱われました。

サッカーについても、サンフランシスコ郊外のサン・ラモン市で保護者会を見学しました。サッカーのシーズンは一般的には8月下旬から12月上旬ですが、競争的なサッカーは3月から練習が始まるとのことで、こちらもシーズン開始時の保護者会でした。タグラグビー同様、チームの方針や練習や試合のスケジュール、けがの時の対応などが説明され、つぎに保護者にやってほしいこととやってほしくないことについて説明がなされました。応援席からの応援のしかたが問題になることがあるらしく、かなり極端な攻撃的すぎる応援の例（写真５‐２）を動画で流し、参加者たちの笑

写真5-2　カリフォルニアでの保護者会

いを誘っていました。平日の夜に行われる保護者会に出席できない保護者には内容をメールで送り、情報伝達に漏れがないようにしているそうです。このチームでは全体の保護者会はこの一度のみで、あとは必要に応じて試合の前後の立ち話やメールでコミュニケーションをとっています。

両方に共通して言えることですが、シーズン直前に保護者への要望を明確に話しておくことはたいへん効果的だと思います。というのは、何か気になることが出てきた場合に、「約束したよね」と伝えることができるからです。日本のジュニアスポーツでも保護者会があるケースは見かけますが、開始してしばらくしてからのことが多く、「そんなつもりじゃなかった」と感じる保護者もいるのではないかと気になります。そのため、事前に保護者と「契約」するという考え方は、取り入れる価値があるのではないかと感じました。

先の節で子ども本人や保護者がスポーツに向ける思いは様々であるという話をしましたが、日米で地域スポーツについてもっとも違っているところは、アメリカでは競争的チームとレクリエーション的チームが分かれていることではないでしょうか。日本の場合、ボランティアが結成した地域スポーツのチームであっても全国大会に勝ち上がる可能性があり、この二つの区別が曖昧です。つまり内実として「競争的」である程度にはチームによって違いがありますが、それがあまり外に出ていないように思われます。その結果として、入会してから期待とは違うということが起こってしまうのです。筆者らが行った調査でも、保護者が子どもを地域スポーツに入れる理由はまちまちでしたので、日本でもこの二種類を分けそれを公開してもよいと思うし、少なくとも入会前の段階で説明を徹底したほうがよいのではないかと思います。

もしも、応援席から過度に攻撃的な応援や子どもたちへの指示を出してしまう保護者がいたら、どうしたらよいでしょうか。そのようなことがないように事前に説明しておいても、あまりしっかり覚えていない保護者や、興奮してそのことをうっかり失念してしまう保護者がいることはあり得ます。

子どもたちの心の平穏のために、指導者は保護者の行き過ぎた行動を制止する必要があります。ですから、まずは断固とした態度を貫きましょう。他の人を説得する場合には、ぶれない主張を持ち、かつ相手への共感を忘れないようにするとよいと言われています。

具体的な対策としては、段階を踏んで行うと良いでしょう。たとえばカリフォルニア州サン・ラモンでサッカーの指導者をしているヤマギシさんは、以下の4段階を踏んで保護者の行動を変えさせると述べています。

①全体に呼びかける

試合の前後など多くの保護者が集まっているときに、観戦の態度について改めて注意をします。

保護者会で一度説明していますので、それを引き合いに出し、「約束しましたよね」と思い出させるような話し方を心がけます。

②直接その保護者と話し合う

それでも改まらない場合、個別に話をすることになります。静かな口調で、丁寧に話しましょう。

③応援の仕方に気を付けてほしいと、子ども自身に保護者に言いに行かせる

それでも改まらない場合、試合中にその保護者の子どもを交代させ、応援席にいる保護者のもとへ説得に行かせます。攻撃的な応援はやめてほしいと。子どもに負担がかかることは気になりますが、これは効果があるそうです。子ども自身は応援態度の問題を理解しているケースがほとんどであり、保護者は子どもの活躍を何より望むので、子ども自身からの説得は効果が高いのです。

④子どもを出場させない

保護者の問題行動が繰り返される場合は、行動が修正されるまで、その保護者の子どもを試合に出すのをやめます。そして、試合に出せないのは保護者の応援のしかたに問題があるからだと伝えます。ここまでしなくてはならないことは滅多にないそうですが、保護者に「変わらなくてはならない」としっかり理解してもらうためにやるそうです。

4　保護者教育のための参考資料

保護者達に協力的な応援団になってもらうために、自分で一から説明するのは大変です。この節では、説得を行うために有益な資料をいくつかご紹介しておきたいと思います。

実際、北欧やスイスでは、指導者に限らず、スポーツに関わる大人すべてに対して啓発活動を行っています。観戦している保護者を含めてのチームが試合会場の雰囲気を作り出します。そして、その雰囲気が試合をする子どもたちにも大きく影響しますので、観戦する人たちみなにも知っておいてもらいたいことがらだからです。

スイスサッカー協会（http://www.football.ch/SFV.aspx）では、キッズサッカー用の掲示ポスターに以下のようなメッセージを掲載し、ネガティブな関わり方を避ける考えを明示します。その内容は、次のようなものです（訳は日本サッカー協会）。

おとなのみなさんへ

ぼくたちのゲームを観に来てくれて、そしてぼくたちのこと、ぼくらのサッカーのことを気にかけてくれてどうもありがとう。

今日はぼくたちの1日。ぼくたちは、サッカーをするのが楽しくて大好きなんだ。もちろん、ぼくらのうちのだれが勝っても楽しいんだ。でもぼくらにとって一番大事なのはプレーすること

なんだよ。だから、プレーをさせておいてください。
大声でさわがないでね。相手のチームや応援に対してもフェアな態度をとってね。ミスをしたからって、いちいち言わないで。そんなことを言われたらがっかりだし、言われたからってそう簡単にうまくできるようにはならないんだ。

すべてのこどもより

スイスサッカー協会は、子ども向けサッカー絵本の前文にもこのメッセージを掲載し、ネガティブな関わり方を排除する考えを明らかにしているという徹底ぶりです。これに加え、ホームページには次のような文書も準備されています（訳は日本サッカー協会）。

Fユース（U-9）の子どもからパパへの手紙

パパ、パパがこないだピッチの外に置いてあったゴールによじ登ってレフェリーに文句を言ったでしょ。あの時、僕はすごく頭にきて泣きそうになったんだ。あんな怒り方、今まで見たことなかったよ。たぶん、レフェリーが間違ったんだとは思う。でも、僕がたとえパパの言うように「レフェリーのせいで」試合に負けたんだとしても、そんなことはどうでもよくて、僕はとっても楽しかったんだ。わかってほしいんだ、パパ。僕はプレーしたい、それだけなんだよ。僕は楽しみたいんだ。だから、僕がプレーをしているときには、「パスしろ！」とか「シュートだ！」とか、叫び続けるのはやめて。パパの言うことはあっているのかもしれないけど、僕が緊張してしまうんだ。

パパ、もう一つあるんだ。試合中にコーチが僕のことを交代させても、怒らないで。僕は、ベンチにすわってみんながプレーしているのを見るのだって楽しいんだよ。僕らは大勢いるし、みんながプレーしなきゃだめでしょ。それから、僕にサッカーシューズをきれいにするやりかたを教えてくれる？　僕のなんだからパパがやってくれなくていいんだ。僕が自分でできるようにならなきゃいけないんだよ。それからスポーツバッグは僕が自分で持ちたいんだ。バッグにはチームの名前が書いてあるから、僕がサッカー選手だってまわりのみんながわかるだろ？　僕、それが好きなんだ。

パパ、お願い。試合の後にママに「今日は勝った」とか「負けた」とかって話すのはやめて。ママには僕がとっても楽しんでいたって伝えてほしいんだ。それから、僕がすごいシュートを決めたから勝った、って言うのもやめてね。だって、そうじゃないんだもの。僕がシュートを決めたのは、仲間が僕に良いパスをくれたからなんだよ。勝ったのは、僕らのチームのゴールキーパーが必死に相手のシュートを防いでくれて、チームの仲間が全員でせいいっぱいがんばったからなんだ。（コーチが僕らにそう教えてくれるんだ）怒らないでね、パパ。こんなことを書いてしまったけど。

僕、パパが大好きなんだ。練習に遅れてしまうので、これでおしまいにするね。練習に遅刻すると、今度の試合にはじめから出してもらえないんだよ。

じゃあね。

図 5-1　保護者の心得を示したポスターの例

子ども達にこのように言われたら、良い態度で観戦するしかありませんね。ジュニアスポーツにおいて一番大切なのは、子どもたちがはじめに持っていた「楽しい、もっとうまくなりたい」という気持ちを損なわず、力を伸ばしてあげられる環境を整えることです。そのために保護者の理解を得ることはとても大切で、上記の「手紙」は保護者の心を打つことでしょう。

日本サッカー協会（http://www.jfa.jp/）にも、保護者のための心得が記載されています。中でも、「こどもエリアに入る前に」（http://www.jfa.jp/youth_development/players_first/pdf/poster02.pdf）は、観戦の時に気を付けるべきことがわかりやすく一枚のポスターにまとまっています（図５‐１）。

また、ノルウェーサッカー協会のサイト（https://www.fotball.no/）には、「保護者のための十の心得」が掲載されていますし、アメリカユースサッカー協会（http://www.ayso.org）も、子どものサッカーに関わる様々な指針等を提示しています。国内の資料としては、茨城県北バスケットボールＷＥＢに掲載されているバスケットボール10カ条も興味深いです（http://meishu.sun.bindcloud.jp/hitachibasketball/）。

人はただの個人に説明されるよりも、権威のある誰かからの説得に弱いもの（図５‐２）。そのような場合には、これらを見せると、保護者に納得してもらいやすくなるのではないでしょうか。

図 5-2　権威による説得の例（秋月，1994）

第6章　指導力を上げる方法

スポーツを通して育てたいものは？

ここまでは、子どものモチベーションや、保護者を含めたチームビルディングについて心理学の視点からご紹介してきました。指導者としてスポーツに関わる魅力や大変さなどをご理解いただけたと思います。ところで、スポーツには様々な種類や同じ種目でも様々なチームがあります。もっと指導力を高めたいと思ったらどうしたらよいのでしょうか。

実際、日本ではジュニア期のスポーツ指導を担っている人は、どこでその指導力を高めているのでしょうか。ここでは、小学生を対象とするスポーツと中学校以上の学校現場を中心とする部活動に分けて現状を見ていきましょう。

1　指導者の研修

日本スポーツ少年団の「認定員」と「認定育成員」

地域スポーツを代表とする日本スポーツ少年団の場合ですが、小学生のスポーツの中心を担うスポーツ少年団では、指導者養成として、指導者の「認定員」（図6-1）と「認定育成員」（図6-2）を養成しています。「認定員」は、地域におけるスポーツ活動の中心的指導者として、スポーツ少年団の理念にのっとり、その指導や運営にあたります。認定員になるには、日本スポーツ少年団と都道府県スポーツ少年団等の共催で、認定員養成講習会を受けます。一方、認定育成員は、認定員の資質向上と育成拡充を担います。そして、認定育成員になるには、日本スポーツ協会（2018年3月までは日本体育協会）公認スポーツ指導者養成講習会に参加します。認定育成員は

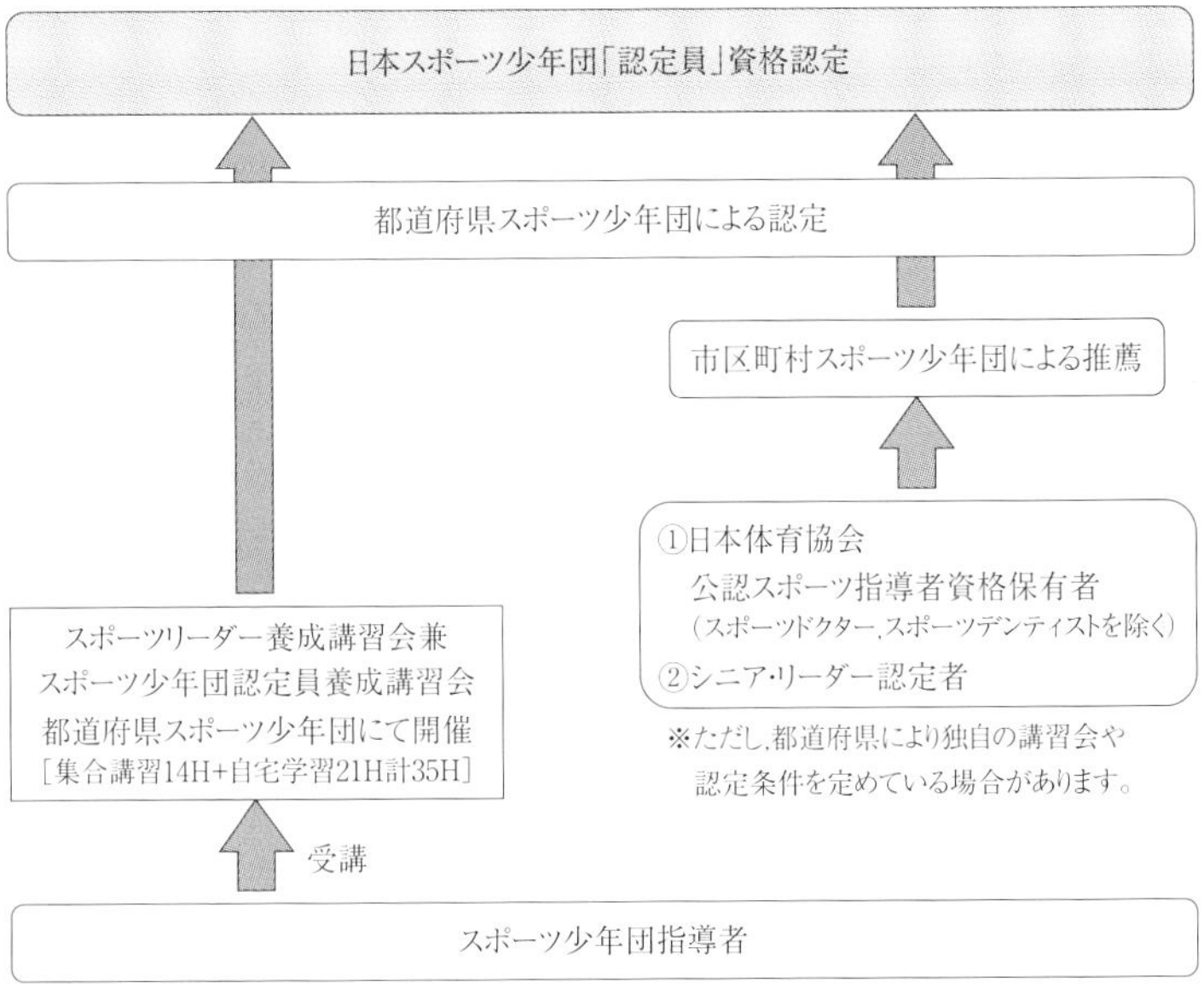

図 6-1　「認定員」の資格認定

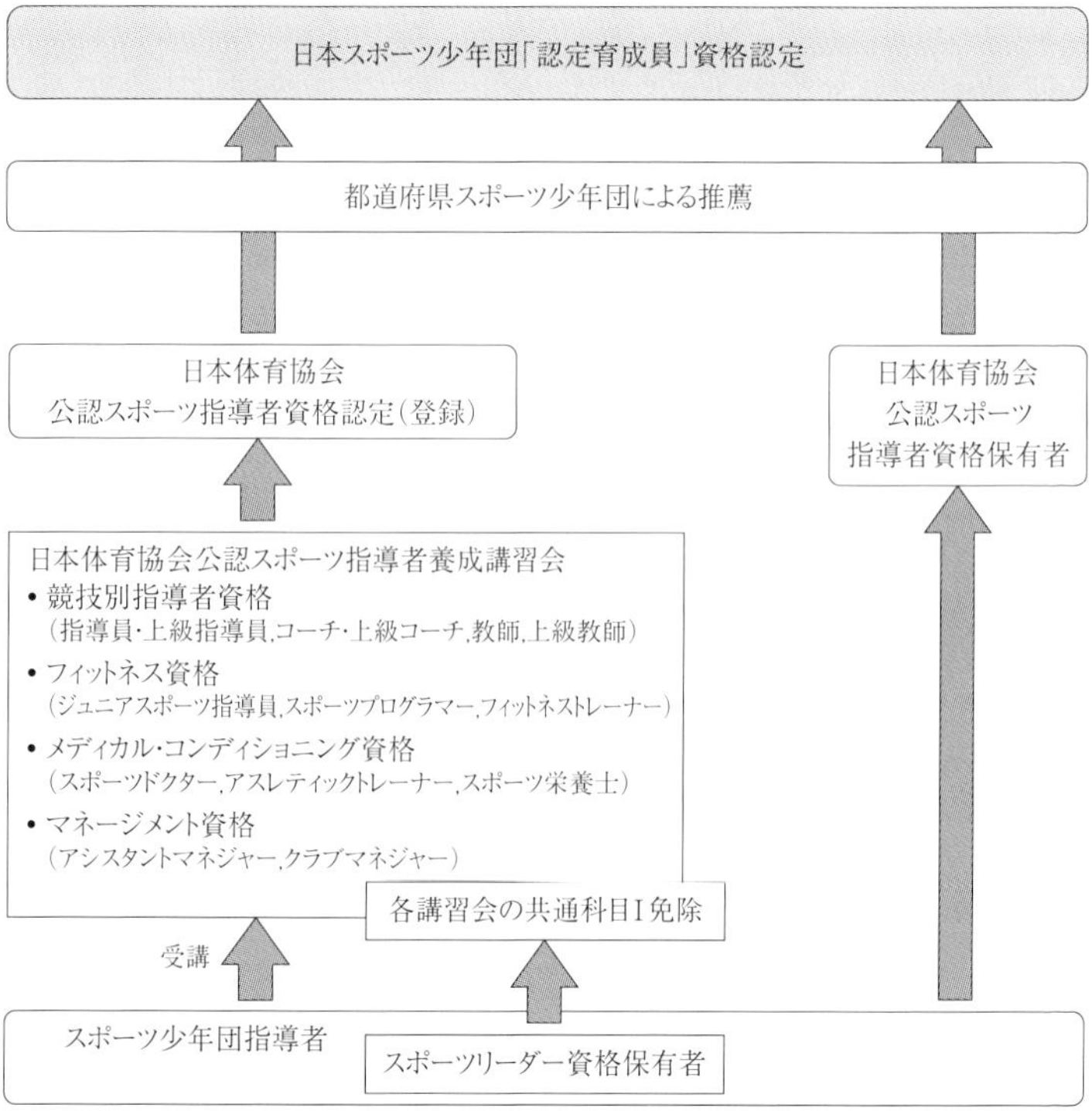

図 6-2 「認定育成員」の資格認定

4年間有効で、更新が必要となります。

各競技団体の資格

スポーツ少年団以外にもスポーツ指導者対象の研修は様々な団体により行われています。たとえば、第3章3節でご紹介した、日本スポーツ協会公認スポーツ指導者制度については、指導員（地域スポーツクラブ等において、スポーツにはじめて出会う子どもたちや初心者を対象に、競技別の専門的な知識を活かし、個々人の年齢や性別等指導対象に合わせた指導にあたる方のための資格）、指導者（各競技団体の都道府県レベルにおける競技者育成を担当する方のための資格）等の資格が取得できる研修が準備されていますので、興味のある方は各競技団体のＨＰ等でご確認ください。

スポーツ指導者制度

日本スポーツ協会公認スポーツ指導者制度の研修内容は、共通部分と種目の部分に分かれています。共通科目初歩にあたる35時間の内訳は、指導者の役割5時間、子どもの発達関係5時間、技術面（トレーニング法、練習計画、医学的知識等）17・5時間、その他7・5時間です。専門科目については、専門科目40時間の内2時間がコーチングの理論に充てられています。残りは、指導者の役割2時間、発育発達2時間、技術面10時間、実技8時間、指導実習16時間という構成となっています。公認軟式野球指導員では、専門科目40時間の内6時間がコーチング関係に充てられています。

その他、各種のスポーツ団体でも、それぞれの研修システムを有しています。サッカーでは小学生を指導する資格に当たるのは公認Ｃ級指導者となりますが、その養成プログラムの内容は都道府県により多少異なるようです。詳細が載っていた千葉県の例では、専門科目40時間の内コーチング法に３時間、指導者の役割に２時間が充てられています。このように養成講習の内容は、技術にやや重みがあるものの、コーチングや発達についても扱っており、バランスがとれているように感じられます。

外部指導者との連携

次に、中学生以上についてですが、中高生のスポーツは所属する学校での部活動が中心となっています。中学校・高校の部活動の指導者は、その学校の教員が主に担っていますが、近年外部指導者の導入も盛んになってきています。中澤（2017）によると一般に外部指導の担い手は、近隣地域の専門的指導者、保護者、卒業生が多いのですが、教育委員会が公式に派遣する場合や、各学校が独自に確保する場合があります。待遇も、無償のボランティアから自治体や学校から報酬を支払われているものまでさまざまです。日本中学校体育連盟の調査によりますと、外部指導者は２０１５年では約３万人となっており、この15年間で約2倍に増えたそうです。外部指導者と連携することで、部活動が充実することを願っています。

一般的に、中学校・高校における部活動の顧問は、もちろん全員教員免許は持っていますが、その競技に関する資格を有しているとは限りません。専門外の種目の部活の顧問になることもよくあります。どのような競技経験であれ、顧問になった後は、各競技団体の研修を受講することができます。たとえば、都道府県の各競技部門で審判等に関する研修を見てみましょう。東京都のバスケットボール協会では、年間予定の中に数回審判研修会が組まれています。これは座学のみでなく、実際に審判の笛を吹きながら、直接指導を受けることが可能な内容になっています。

このように小学生を対象とした地域スポーツも、中学生以上を対象とした部活動も、指導者のための研修体制は充実しています。しかし、実際にどの程度の指導者がこの研修を受けているのかというと、疑問が残ります。つまり、研修活動はあくまでも任意での参加にすぎず、義務ではありません。指導内容に関して評価されることもあまりありません。そのため、指導者としての資質向上は本人に任されていることとなります。

◆コラム6　外部指導者の活用――東京都杉並区の例

東京都杉並区は全国に先駆けて、年間約3千万円の予算を投じて、外部の力を活用した中学校の部活動支援を進めています。2016年度からは、従来のボランティアベースである外部指導員（地元の方や卒業生）の他に、「部活動活性化事業」により雇用されたプロ指導員を16校32部活で採用しています（杉並区教育委員会，2016）。私たちはその中でも先駆けとなったテニス指導者フカダエッジさんと顧問の先生お二人にお話を伺いました。

フカダさんは2004年から杉並区和田中学校の硬式テニス部の指導を始め、現在は杉並区の部活動活性化事業で区から派遣されるプロ指導者として複数の公立中学校に入っています。実際に指導に入るのは週に1回かそれ以下ですが、残りの日に生徒たちが自分たちで練習できるようにプログラムの組み立て方まで指導されています。

顧問の先生お二人に学校外から指導者が入る影響について伺いました。お一人はテニス経験があり、もうお一人はテニス経験がない方でしたが、どちらも口を揃えて助かるという回答でした。区から派遣される「活性化コーチ」は部員の保護者全員の同意のうえで契約しており、保護者の付き添いがあれば顧問抜きで練習実施が可能であるため、週末に休みが取れる点がまずは大きいようです。ただ誰でもよいわけではなく、過去に外部指導者とのやり方のずれで苦労した経験もあるそうです。フカダさんが、技術のみを指導するのではなく、学校の教育方針を考え、挨拶がなぜ大切か説明したり、他の部と共有である校庭整備の必要性を強調したり、ボール１個の大切さを説くなど教育的な配慮を忘れない点がたいへん評価されていました。お一人はテニス経験がかなりあり、前任校では部活動の練習に入り、ほぼ毎日指導されていたそうですが、現在は生徒の練習を見守ることが基本で、指導はたまにする程度だそうです。外部指導者と顧問とでやり方に違いが出ることはあるそうですが、大まかな方針は相談しているし、「こういうやりかたもあるんだよ」と別の選択肢を与え生徒たちに考えさせる形にして、今のところうまくいっているそうです。

フカダさんに「部活動とは何か」と伺うと、即座に「生徒たちの居場所」だと返ってきました。「楽しくなければ部活じゃない」。だから、いいプレーができたのを見つけたら「ナイスショット」と声をかけます。そうすることで、良い瞬間を記憶してほしいと思うからだそうです。実際練習試合の時の生徒さんたちは生き生きとしていました。ただし、コミュニティにはルールも必要だから、それを学んでほしいとも思うそうです。

部活動は、ほとんどの生徒にとって「生涯スポーツの基礎」を身につける場所のはずですが、頂点を目指すことに熱が入りすぎてしまうケースがあります。また、身体ができあがっていて、選抜を経て集まっている高校と、さまざまな生徒が参加する中学校とでは、部活動の在り方が異なるのではないでしょうか。

2　指導者の困り感への対応

さて、ここまでは公的な研修制度等について見てきました。ここでふっと疑問がわきます。これらの研修で十分なのか。現場の指導者たちが「困っていること」にきちんと対応できているのだろうかと。

そこで、私達が行った指導者対象の調査（第3章3節）を振り返ってみましょう。この調査によれば、指導者として困難を感じる内容は、1位が保護者の干渉・関わり、2位が問題のある子への対応、3位が子どもとのコミュニケーションとなっていました。この関係は密接していて、指導者は問題のある子への対応と同時にコミュニケーションの難しさを感じているようでした。また別のインタビュー調査（川田・大橋・井梅・西田・藤後、2016）でも、指導者の直面している問題として、やはり「落ち着きのない子どもとの関わり方が難しい」ことや「発達障害を抱える子どもの参加ニーズが増え、指導場面で対応に苦慮する」ことが語られていました。

「気になる子」への対応

指導者が困っている子どもの行動とは、次のような子どもたちの姿ではないでしょうか。「一回言ってもわからない」「いつも集合時間に遅刻してくる」「いつも忘れ物ばかりする」「試合に負けてもまったく反省する様子がない」「目を離すとすぐにふざける」「指導者の話を聞かずに、友達とおしゃべりばかりをする」「負けるとふてくされる」「負けると友達にボールをぶつける」「すぐに泣く」。さらに、「他の子をいじめる」「暴言をはく」などでしょう。これらの行動の背景には、さまざまな理由があります。年齢によるもの、家庭環境によるもの、性格によるものなど、その原因は複合的なものです。指導者インタビューの中で、「発達障害」という言葉が出てきておりますが、子ども達の気になる行動のすべてが発達障害を原因とするというわけではありませんので、ぜひこの点は留意しておいてください。

しかしながら、発達障害という知識を持っていることで、子どもの行動を理解しやすくなることもあります。そこで、ここでは簡単に発達障害に関連する知識にふれておきます。発達障害とは、発達障害者支援法（平成16年12月10日法律第１６７号）によると「自閉症、アスペルガー症候群その他の広汎性発達障害、学習障害、注意欠陥多動性障害その他これに類する脳機能の障害であってその症状が通常低年齢において発現するものとして政令で定めるもの」と定義されています。発達障害という診断名を持っていなくても、子ども本人が自身の発達的特性で困ったという感覚を抱いているのであれば、私達は、その子の対応に配慮する必要があります。学校現場の中では、「合理的配慮」という言葉を使って説明されています。発達障害教育推進センターのＨＰでは、「合理的配慮」の説明と具体的な対応方法が詳しく掲載されています。「合理的配慮」とは、障害のある子どもが、他の子どもと平等に「教育を受ける権利」を享有・行使することを確保するために、学校の設置者や学校が必要かつ適当な変更・調整を行うことです。この考え方は、人権に基づいており、当然学校の中の部活や地域スポーツにも当てはまるものです。

まずは、先ほど名前が出てきました「自閉症、アスペルガー症候群その他の広汎性発達障害」「学習障害（ＬＤ）」「注意欠陥多動性障害（ＡＤＨＤ）」について簡単に説明していきます。これらは、脳の機能障害を伴うものであり、決して本人の性格の問題や育て方の問題によるものではありません。各定義については、通常アメリカ精神医学会のＤＳＭや世界保健機構（ＷＨＯ）が疾病および関連保健問題の国際統計により分類したＩＣＤを引用することが多いのですが、ここでは日本語でわかりやすく書かれている発達障害教育推進センターのＨＰからご紹介しましょう（２０１３年のＤＳＭ－５への改訂により、現在ではＡＤＨＤは注意欠如多動症、自閉症は自閉スペクトラル症、ＬＤは限局性学習症と変更になっている）。

自閉症

３歳位までに現れ、⑴他人との社会的関係の形成の困難さ、⑵言葉の発達の遅れ、⑶興味や関心が狭く特定のものにこだわることを主な特徴とします。このうち、知的発達の遅れを伴わないものを高機能自閉症といい、知的発達の遅れを伴わず、かつ自閉症の特徴のうち言葉の発達の遅れを伴わないものをアスペルガー症候群といいます。中枢神経系に何らかの要因による機能不全があると推定されています。

学習障害（ＬＤ）

基本的には全般的な知的発達に遅れはないものの、聞く、話す、読む、書く、計算する、又は推論する能力のうち特定のものの習得と使用に著しい困難を示す様々な状態を指します。

注意欠陥多動性障害（ＡＤＨＤ）

年齢あるいは発達に不釣り合いな注意力、及び／又は衝動性、多動性を特徴とする行動の障害で、社会的な活動や学業等に支障をきたすものです。また、通常７歳前に現れ、その状態が継続するもので、中枢神経系に何らかの要因による機能不全があると推定されています。

これらの子ども達には、共通してみられる特徴もありますし、そうでない部分もあります。また診断名は持っていないお子さんでも、似たような特徴の一部を有している場合も多くあります。実際に平成24年に文部科学省は、約10年ぶりに発達障害の子どもの実態を調査し「通常の学級に在籍する発達障害の可能性のある特別な教育的支援を必要とする児童生徒に関する調査」にまとめています。今回の結果では、学習面または行動面で著しい困難を示す割合の子どもは、６・５％でした。また、こうした子どもたちの中のほぼ９割が特に支援を受けずに通常の学級の中にいることがわかっています。つまり、先ほど取り上げました発達障害の診断名を持っている子どもはわずかにすぎず、実際には同様の行動の困難を抱えつつも特別な支援を受けずに生活している子ども達が多いのです。それはすなわち、地域スポーツや部活に参加している子ども達の中にも、困難を抱えている子どもは約25人に1人はおり、彼らには「合理的配慮」が必要なのです。知り合いの保護者は、子どもの社会性の問題が気になったので、あえて友達と関わることができる地域スポーツに子どもを参加させたと話してくれました。指導者が気になる子どもへの対応について検討する際極めて重要な視点は、彼らを「問題のある子ども」としてとらえるのではなく、「困っている子ども」という、子どもの視点から考え直していくことです。そうすると、今までとは違う視点で子どもたちのことをとらえることができていくでしょう。

それでは、このような「困っている子ども」の「気になる行動」の原因はどのようなものが考えられるのでしょうか？　ここでは、①注意転動と集中力の困難、②シングルフォーカス、③記憶と感覚、④実行機能の弱さ、⑤固有覚と前庭覚、⑥不器用さ、という6つの側面から考えていきましょう。

⑴注意転動と集中力の困難

どうしても注意集中が難しく、目の前に何か興味があるものが見えると、すぐにそれが気になってしまい、注意がそれてしまうことを指します。また注意がそれるだけではなく、衝動的な傾向が伴うと、興味があるものの傍まで行ってみたくなったり、手が出てしまったりということもあります。

②シングルフォーカス

興味のあることに焦点を絞って物事をとらえる傾向のことをいいます。シングルフォーカスの傾向が強い子どもは、周りのものは視野の中に入っていきづらく、目の前の自分の興味があるものにしか注目できなくなります。このことから、自己中心的になり、周りのことが考えられなくなってしまうのです。

③記憶と感覚

私たちはものを覚えるときに、メモ帳のように一時的に保存しながら作業しています。これをワーキングメモリーと呼ぶのですが、「気になる子」は、このワーキングメモリーの容量が少ないと言われています。

感覚には、聴覚、触覚、嗅覚、味覚、視覚という五感があります。これらの感覚が過敏な子もいます。すなわち光が通常よりまぶしく見えたり、小さな音が大きく聞こえたり、耳からの刺激が一度に入ってきてしまったりということが起こってしまうようです。また、耳からの刺激は混乱してしまうけれども、目で見ると理解しやすいという子どももいます。そのため実物を見せたり、絵カードを使って説明したりしてもらえると理解が早くなるということもあります。

④実行機能の弱さ

実行機能とは、複雑な課題の遂行に際し、思考や行動を制御する認知システムの総称をいいます。

具体的には、感情を抑制したり、先に述べたワーキングメモリーを機能させたり、計画したり、柔軟に物事を捉えることができたりする機能を有します。「気になる子」は、この実行機能の働きが弱いことが指摘されています。

⑤固有覚と前庭覚

さきほどの五感に加え、筋肉を動かす固有覚、体の傾斜を感じる前庭覚というものがあります。この固有覚と前庭覚に偏りがあると、周囲の刺激が入りにくい鈍感タイプ、逆に刺激が過剰に入ってしまう敏感タイプが生じてきます。鈍感タイプの子どもは、刺激が入りにくいために、余計に刺激を求めて動き回る状態になります。すなわち覚醒レベルが高い状態になってしまうのです。そして刺激が過剰に入ってしまうタイプは、すぐに刺激がいっぱいになってしまって情報をシャットアウトするため、ボーとしているように見えてしまうのです。いずれも覚醒の調整が難しいために起こる行動なのです。

⑥不器用さ

自分の体の位置や動きがとらえにくいことや、2つのことを同時に行うことが難しいことなどの困難を抱えていたりします。また協調運動と呼ぶのですが、目で見たものに合わせて手足を動かすことに難しさを感じてしまうのです。

それでは、先に述べたような発達の課題を持つ3名の子どもの事例を見ていきましょう。

〈事例1　太郎君の例〉

サッカーの試合の後の反省会のときです。子ども達はみんな指導者の前に体操座りで座って話を聞いています。指導者は真剣に今日の反省を話しています。しかし、10分が経過する頃、太郎君は、指導者の話にだんだん集中できなくなってきました。ちょうどその時、足元に手触りの良い大きさの石が転がっていることに気づきました。その石を見ると地面に絵を描きたくなりました。絵を描きたいなと思った瞬間、すでに手は地面に絵を描いていました。指導者の話は耳に入らず、グラウンドに絵を描くことに夢中になっていきました。その様子を見た指導者は、「太郎、ちゃんと話を聞け！」と怒りました。太郎君はその時は泣きそうな顔をするのですが、またすぐにお絵描きを始めました。おまけに、反省が終わって次の試合に向けて、友達はアップを始めたのに、太郎君はまだ一人で絵を描いて楽しんでいます。

太郎君のケースは、「注意転動と集中力の困難」「シングルフォーカス」「記憶と感覚」などが関係しているといえます。「感覚」という視点からは、指導者の話という聴覚刺激が多すぎるとすぐにワーキングメモリーがいっぱいになり、何を話していたかわからなくなります。また、もともと注意転動があるので、短時間で飽きて違うものに興味が移ってしまいます。その中で、興味は石に移りました。石を見つけた途端、シングルフォーカスとなり、周りの物は見えなくなりました。また刺激過多であったので、周囲の音は自然とシャットアウトされてしまいました。

〈事例2　花子さんの事例〉

花子さん（4年生）は、地域スポーツのミニバスケットボールのチームに入っています。練習中、新しい技やフォーメーションの練習になると頭が真っ白になるそうです。その上、間違うと、指導者の厳しい声が飛んでくるので、よけいに緊張するそうです。またウォーミングアップの時、ボールを様々な角度で回すハンドリングでは、何度も練習しているものの、なかなか上手になりません。特にボールを後ろでキャッチする運動になると、とんでもないところにボールを投げてしまい、全く取れないのです。

花子さんのケースですが、どうも協調性運動が苦手なようです。バスケットボールは、他の競技に比べても協調性の運動が求められるために苦労しているようです。またボディーイメージもあまり獲得できていません。特に見えない後ろ側の体の位置などが分かりづらいようです。このようなお子さんの場合、自信がなかなか持てません。その上に指導者から怒鳴られると委縮して、自尊心が低下してしまいます。

〈事例3　くまお君の事例〉

くまお君（3年生）は、水泳を習って2年目です。クロールが25メートル泳げるようになって

きました。水泳教室へは送迎バスで通っています。くまお君は、何度も水中眼鏡や水泳パンツを忘れて家に帰ってきます。また、プールサイドは走ってはいけないと注意しているのに、友達と競争になって走ったり、並ぶ順番のことですぐに喧嘩になったりします。注意をしてもすぐに怒り出したり泣いてふてくされたりしてしまいます。

くまお君は、運動神経は良いようですが、何度も忘れ物をしてくることから、「不注意」がありそうです。その上、注意されても繰り返す様子や、友達と順番のことで喧嘩になる様子からは、衝動性の高さや他者の心の推測を苦手としている様子も窺えます。また、すぐに怒り出したり泣き出したりする様子から、実行機能の弱さが窺え、感情コントロールが難しいようです。

このように「気になる子」の行動には、その要因として様々なことが考えられるのです。子ども達は「困っている」のですから、大人である指導者や保護者の方は、合理的配慮の視点からどのような環境や教材、そして教え方をすれば、子ども達が達成感を味わうことができるかを考えていく必要があります。

声のかけ方は、森田療法の視点やアドラー心理学の視点がとても有効です。たとえば、「気になる子」は実行機能が弱く、見通しを立てることや想像することがあまり上手ではありません。わからないからこそ不安が高まったり、思考の固さからすぐに「オールオアナッシング」や「過度の一般化」を行ったり、気になることばかりを考えたりしてしまい、不安を高めてしまいます。だからこそ、できないことから注目を外してやり、やりたいことを実現化（生の欲望）させていくことがよいと思います。その中で、うまくいかないことも出てきます。その時こそ、アドラー心理学で重視する「失敗への対応」です。子ども自身にアイディアを考えさせ、それがどうなるか予想させ、そして実際に自分で選んだ方法をやってみる。それがまたうまく行かなければ、再度指導者と子どもと一緒になって方法を考えるというやり方です。

対応の仕方の工夫点

それでは、指導者である大人が対応する際の、環境の調整も含めたいくつかの工夫点をお伝えします。

①子どもとの関係を形成する

どのような対応が望まれるにしろ、まずはいかに子どもとの信頼関係を構築できるかが重要なポイントとなります。指導者らが話しかけても無視する子、悪態をついてくる子、集団でいつもしゃべっている子などは、関係を作ることに難しさを感じるかもしれません。まずは、相手が反応するしないにかかわらず、最大の笑顔で挨拶をし続けることです。「続ける」ということは、一見簡単ですが、案外難しいものです。なぜなら、相手が反応してくれない（無視される）のに、挨拶をし続けるのは、なんだかこちらまで傷ついてしまうからです。しかし、挨拶は「あなたに関心があるんだよ」というメッセージになります。だからこそ、これを大人が送り続けましょう。そして、その子どもの興味や関心があることを見つけて、子どもの世界にこちらから入っていき、話しかけていくとよいかもしれません。そして、何か注意せざる得ない時も、CCQ（Calm（穏やかに）Close（近づいて）Quiet（静かなトーンで））を意識してみるとよいでしょう。決して人格を否定するのではなく、そして大声で怒鳴るのでなく、静かな口調で繰り返し伝えてみましょう。

②チームのルールを明確化し徹底する

チームとしてのルールは、分かりやすいように子どもたちに先に伝えていきます。たとえば、「荷物は、そろえて壁の端に置いてね」「練習後のこの片づけは、〇年が担当です」「練習に何回来ないと、1回の試合は出さないよ」「忘れ物をした場合は、取りに帰ってもらうよ」など、何でもよいので、特に大切なルール2～3個を明確にします。そして、そのことに関しては、徹底して守ります。ある指導者は許してくれるが、ある指導者はだめと言う。またある子は許されて、ある子は許されない。このような指導の一貫しない環境が最も子どもたちの信頼を失います。契約として子どもたちにきちんとルールを明示して、それを徹底しましょう。ルールを破ったら、先ほどのCCQの対応を行い、違反後の対応についても先に伝えておき、共通の理解とするとよいでしょう。

③何回も目で見て確認できる環境を作る（時間、場所、活動の構造化）

「気になる子」は、スケジュールの見通しが難しいために不安になりやすく、また、言われたことをすぐに忘れてしまうという特徴があります。そこで、本人が自分自身で何度も大事なことを確認できるように環境を工夫してあげることをお勧めします。たとえば、試合用のチームかばんの横にタグをつけて、その中に入れるべきものを写真付きで記載しておく。練習時には、今日はどのような練習があり、その時間配分はどのくらいかが、目で見てわかる形でスケジュールボードなどを作成する。また試合会場では、一日のスケジュールや会場の配置を紙で渡したり、チーム内でいつでも確認できるようチーム用のスケジュールボードや会場マップなどを準備しておくのもよいでしょう。分からなくなっても確認できるので、子ども達も安心します。写真つきのタグなどは、必要に応じて保護者の協力を得ながら用意してもらうとよいでしょう。

指示を出す方法にも工夫が必要です。スポーツの場ではよく、「反省するまでずっと走ってろ」「俺がいいと言うまで走れ」「ちゃんとやってるやつから終わらせる」というような抽象的な指示をよく耳にします。終わりが分からないほど、子どもにとってはつらいものはありません。「自分では反省しているのに」「自分では、ちゃんと走っているのに」、それなのに何週走るのか、何分走るのかわからないと、子どもたちのモチベーションは下がる一方です。「何週走る」「何分走る」など具体的な指示を出しましょう。さらに、時間に関しても、子どもたちが見えるようにタイマーなどを使い目で確認できるようにするとよいでしょう。しいて言うならば、「何週走る」「何分走る」というものも可能であれば、子ども達と話し合いながら一緒に決めるとよいでしょう。

④子ども達の覚醒レベルをコントロールする（落ち着かせることや盛り上げること）

「気になる子」の中には、覚醒レベルの調整が難しい子どもが多くいます。たとえば、目からの刺激にすごく反応してしまい、注意集中が難しくなる子どもの場合、指導者が子どもに向かって話す際には、立つ位置が重要となります。話をするときは、指導者が壁際に立ち、子ども達の目には指導者しか入らないようにします。指導者の話している後ろで、他チームの試合などが目に入ると、このような特徴を持つ子ども達は、必ず指導者より試合の方に目が行ってしまうものです。

また、試合会場など通常の練習場所とは異なる場所に来ると、目新しい刺激が多く、その刺激をうまく受信できなくてそわそわしてしまう子どもが出てきます。一方で、刺激が入りすぎてしまい、すぐに刺激をシャットダウンしてしまうため、ぼ～としてしまう子も出てきます。まずは、早目に試合会場に着き、場所に慣れさせること。そして、その後は自分で適切な刺激を取り入れることができるように、その場で体を動かす、胸をさすって落ち着かせる方法などを取り入れてみるとよいでしょう。

⑤飽きさせない工夫をする

注意集中が苦手な子どもにとっては、活動内容にゲーム性があり、短い時間で対応できるものがあるとよいでしょう。たとえば、シュートを失敗したら、その場でジャンプ。ダッシュしてきたら、その場で二人組じゃんけんなど、単調な練習の中でもゲーム性を取り入れてみてください。大切な反復練習をいかに真剣に続けさせる工夫ができるか。そのカギとなるのが一つ一つは短い時間で、かつ途中にゲーム性を入れるということです。

⑥他人と比較せず、それぞれの課題を設定する

「気になる子」には、様々な特徴があります。中には、運動神経はとてもいいが社会性が発達しておらず、自分より下手な子に対して「お前なんでできないんだよ」「迷惑」などという暴言を吐く場合があります。また練習が簡単すぎるとサボろうとする姿も目に付くかもしれません。一方、不器用な子は、他の子のようにすぐにできるようにならず、ネガティブな思考である「どうせできない」「どうせ自分だけ」と負の言葉が出てきやすいのです。ネガティブなサイクルに陥らないためにも、一人一人の課題を設定してあげることです。人それぞれペースが違うことをチームの中でも何度も伝え、それぞれの課題に向けて努力することが大切なことを繰り返し伝えます。そしてちょっとでも以前と比べてできるようになったことや努力している姿を見つけて褒めてあげましょう。このようにして指導者がその姿を認めてあげると、子ども達は、受け止めて自分で努力を続けるようになりますし、チームにも努力していることをわかってくれると思うようになるでしょう。

以上が、「気になる子」への対応です。「気になる子」は、チームにとって大切なメンバーです。少し空気が読めないということが、みんなが落ち込んでいる時のムードメーカーにつながったり、乱暴さがアグレッシブな試合での攻撃につながったり、マイペースさがみんなのリラックスにつながったり、こだわりが見事なスコアブックにつながったりします。また「気になる子」への指導法を工夫することで、指導者自身の指導力が向上することは間違いありません。多くの子どもが「こ

のチームでよかった」と思えるようなチーム作りを期待しています。

3　指導者への心理サポート

ここまでは、指導者の研修制度と、指導者の困り感として上位にあった「気になる子どもへの対応」について述べてきました。ここからは、指導者の心理サポートについて述べていきます。現在、選手のメンタルヘルスへの支援は、トップアスリートを中心に徐々に広まってきています。選手のメンタルヘルスが安定するためには、実は指導者のメンタルヘルスの安定が何よりも大切なのです。そこで、ここでは指導者への心理サポートの実践について報告します。

指導者は、常に健康的で安定した状態で指導ができるとは限りません。先述の地域スポーツの指導者を対象とした調査（Togo, Iume, Kawata & Ohashi, 2016）によれば、指導者のストレスには、自信のなさや物理的大変さ、競技レベル、家族関係、仕事関係などが影響していることが明らかになりました。指導者もさまざまなストレスを抱えているのです。たとえば、「今まで勝っていたのに、次の試合で負けたらどうしよう」「自分の指導力に対して、低い評価をされてしまったらどうしよう」などの不安です。指導者としての不安の中には、「指導に自信がない」など競技に関わることのみではなく、「指導ばかりに時間を費やして、他の仕事にまで時間がまわらないのでは」「指導にのめりこんで家族から不満が出るかも」など多様な不安要因が関連しているのでした。これらのストレスを抱えながら、子ども達が目の前で失敗などすると、「また負けるのでは」という不安が高まり、イライラして怒鳴ってしまうなどの不適切な行動が生じてしまいます。第4章で、選手のネガティブな状態を理解する方法として、森田療法の適応をお伝えしましたが、この森田療法は、指導者の方への自己理解にも活用することができます。

森田療法の特徴は、ネガティブな行動の後ろに何らかの不安があると考えることでしたね。そして、この不安は気になることに注目するという精神交互作用により高まることや、思想の矛盾があるとより高まることを説明しました。実は、これらのメカニズムは指導者の皆さんにも大いに関係することなのです。選手のミスに目がいくほど、「負けるんじゃないか」「親達から文句言われるんじゃないか」と不安やネガティブな感情が高まります。これは、精神交互作用でしたね。また「選手は常に全力であるべきだ」「明日の試合は絶対に勝つべきだ」という「べき思考」が強まると、それに見合っていない選手を目の前にしたとき、さらに不安やネガティブな感情が強くなるという悪循環が生じるのです。これは、思想の矛盾でしたね。そして、選手と同様に、不安の裏には、指導者の生の欲望が隠れており、「スポーツを楽しみたい」「選手を成長させたい」「認められたい」という建設的な欲望があります。森田療法の視点から考えるのであれば、選手のミスに目が行き、イライラした気持ちが生じたとしても、それはあるがままにほっておき、「選手とともにスポーツを楽しみたい」「選手とよい関係を作りたい」「試合に勝ちたい」など建設的な欲望を実現するために、自分は今日何ができるかを考え、実行することに集中するとよいでしょう。

この森田療法の視点を活用して、指導者への心理サポートを行った実践を紹介しましょう。選手版のメンタルトレーニングワークシートと同様に、指導者版にメンタルトレーニングワークシート

（図６－３、６－４）を作成し、若手指導者４名を支援しました（藤後ら、2016）。この４名は民間のバスケットボールの指導者で、大学生でありながら指導者としても活躍していました。指導者への支援方法としては、はじめにオリエンテーションとしての森田療法の考え方に関して「メンタルトレーニングワークシート」を用いながら説明しました。その後、個人的な心理サポートとして希望者に日記療法を含めたワークシートのやりとりを行いました。選手用と指導者用のワークシートは、似ているものの、指導者用は「選手理解」「保護者理解」「自己理解」の３部で成り立っている点が大きく違います。

ワークシート活用には、内面を言語化できるメリットがあります。通常指導者は、選手や保護者の前では指導者としてふるまわなければならないために、不安な気持ちを言語化することを控えています。他者の目を気にする必要が少ない日記を通して、自己の感情を向き合うことが可能となっていきました。またネガティブな感情を言語化しながらもその裏にある生の欲望に目を向けながら、指導者として、そして学生として日々すべき行動に目を向けることができるようになっていきました。ワークシートのメリットは、随所に解説があるため、必要に応じて自主的な学びができることでしょう。指導者と言えども、不安を抱えるのは当然で、恥ずかしいことでもなんでもありません。困った時には、ぜひ「困った」と声を上げてくださいね。

本プログラムは３部構成で成り立っております。

第１部
選手理解

第２部
保護者理解

第３部
自己理解

第１部の内容は、「選手理解」です。皆さんのチームには、様々な選手が所属していることと思います。選手の特徴を把握し、指導方法を工夫することで、今よりもさらに選手の力を引き出すことができることでしょう。すべての選手が、みなさんのチームに所属してよかったと思えるようなチーム作りに貢献できることを願っています。

第２部の内容は、「保護者理解」です。ジュニア期の子どもたちにとって、保護者の振る舞いや言動は多大な影響を及ぼします。だからこそ、保護者の方の行動や考え方を理解し、保護者とともに協力しあいながらよりよいチーム運営を行っていくことが求められます。どのように、保護者と連携することができるのか、ということを考える機会にしていただければと思います。

第３部の内容は、「コーチの自己理解」です。ここでは、コーチ自身の性格や考え方の特徴を理解していきます。ご自身の特徴を理解して、その特徴がどのように指導場面で発揮されているのかを考えていきます。指導場面で発揮しているみなさんの持ち味について理解を深めることを通して、今後の指導に役立つヒントを探っていただけたらと思います。

2

図 6-3　指導者用ワークシートの例(1)

まず、指導者であるご自身がどのような視点で選手を評価したり、選手に対してどのように感情が動くかを検討します。次に森田療法の概念を用いて、選手の気持ちを考えてみます。

1. あなたにとって指導しやすい選手とは？

例：指示をきちんと聞いてくれる、勝気である、協調性がある
　　選手から話しかけてくれる、明るい

私の指導しやすい選手のタイプとは、＿＿＿＿＿＿＿＿＿＿＿＿＿＿＿＿。

私の指導しやすい選手のタイプとは、＿＿＿＿＿＿＿＿＿＿＿＿＿＿＿＿。

私の指導しやすい選手のタイプとは、＿＿＿＿＿＿＿＿＿＿＿＿＿＿＿＿。

上記以外に、指導しやすいタイプ（自由記述）

2. あなたにとって、指導しにくい選手とは？

例：反抗的、本番に弱い、ふざけて練習しない、話が続かない、おとなしい

私の指導しにくい選手のタイプとは、＿＿＿＿＿＿＿＿＿＿＿＿＿＿＿＿。

私の指導しにくい選手のタイプとは、＿＿＿＿＿＿＿＿＿＿＿＿＿＿＿＿。

私の指導しにくい選手のタイプとは、＿＿＿＿＿＿＿＿＿＿＿＿＿＿＿＿。

上記以外に、指導しにくいタイプ（自由記述）

図6-4　指導者用ワークシートの例(2)

◆コラム7　選手から指導者への転換

現在大学2年生で、民間のバスケットスクールのコーチをしている女性にインタビューしてみました。彼女は、小学校4年生からミニバスをはじめ、中学の部活、高校ではスクールや部活、そして大学でも部活を通してバスケットボールと関わっています。このようにある種目にプレーヤーとして関わりながら、学生時代から、または親になってからその競技種目と関わることになることは多いものです。そこで今回は、プレーヤーから指導者になる過程で、どのような困難さを抱えるのか。またどのようなやりがいがあるのか、どのような支援があると助かるのかなどを聞いてみました。

Q　なぜコーチを始めたのですか？
A　お世話になった人とつながっていたかったからです。教わる側から教える側になったら何か違いがあるだろうかというような興味もありました。
Q　教えてみて気付いた点はありますか？
A　おもしろいです。それから、いい意味で視野が広くなりました。自分に必要な物を学んでいます。気づく力などがついたと思います。
Q　気づく力とは？
A　子ども達の目線から考えるようになったことと関係します。子ども達はどのくらいルールやプレーを理解しているのかを考えるようになりました。子ども達、他の指導者達、保護者達が何を考えているのか考えていくうちに、みんながどうしてほしいと思っているのかに気づくことができるようになりました。そのおかげで、気づいたことに対して、先に自分から行動するようになりました。

Q　どんな工夫をしていますか？

A　たとえば、小学生、特に低学年と話すときはしゃがんだり、腰を曲げたりして、同じ目線になるようにしています。上から話すのではなく、目線を合わせるようにして子ども達の気持ちを汲みとろうとしています。

Q　コーチをする上で、何が難しいと思いますか？

A　難しいことは、いっぱいあります。たとえば、やる気がない子とやる気がある子を一緒に混ぜることがありますが、モチベーションが違うので、とてもやりにくさを感じます。特に親からやらされてバスケットをしている子は、あまりやる気がないように感じます。「走ろう」と声をかけても走らなかったりすることもよくあります。みんなが一生懸命やっていると、やる気のない姿が目立ってしまいますし、全体の志気を下げてしまいます。ですが、集団行動なので、雰囲気を作っていかなければならず、難しいと思います。

Q　指導者としてのやりがいは何ですか？

A　子どもの成長に関わることができることです。子ども達がバスケをうまくなるところに自分が関われます。心の成長と身体の成長、両方の成長に関わることができるのが楽しいです。

Q　指導を行うことで自分自身の変化はありますか？

A　「心のキャパ」が広がった気がします。子どもと接しているときに、「なんでわかんないの」と思うこともあるのですが、「なんで」と相手を責めるのではなく、「そっか！　できないんだ。じゃあどんな指導を工夫できるかな」と思うようになりました。

Q　指導者として成長するには、何が必要ですか？

A　私が指導者として成長するにあたりとても支えになっているのが、先輩や仲間の指導者によるフィードバックです。いつも練習後に話し合いを行います。その際、気づいた点を伝えてもらいます。この年になると、「こんな風に工夫したらいいんじゃない」と直接伝えてもらえることが少なくなります。攻撃的でなく、素直に改善点を伝えてくれる仲間や場所があるというのはとてもありがたいものです。

4　いくつかの実践例

海外でも指導者養成は、重要な課題となっています。まず、海外の子どものスポーツ環境はどのようになっているのかを見てみましょう。世界34か国における中学校・高校のスポーツの場を中澤（2014）は、「学校中心型」「学校・地域両方型」「地域中心型」の3つのパターンにわけて説明しています（表6－1）。日本の場合は、中学生以上は　学校中心型となりますが、小学生のスポーツは地域中心型となることでしょう。

先ほど第5章の方でご紹介した北欧や北アメリカでは、保護者を含めた大人たちへの啓蒙活動が盛んです。

さて、ここでは各国のいくつかの実践を紹介しましょう。まずはアメリカで活発に活動していますPCA（Positive Coaching Alliance）についてです。PCAは、別途詳しくコラム8でも説明しま

表6-1　世界の青少年スポーツ（中澤，2014）

学校中心型	学校・地域両方型		地域中心型
日本	カナダ	ポーランド	ノルウェー
中国	アメリカ	ソ連（現ロシア）	スウェーデン
韓国	ブラジル	イスラエル	フィンランド
台湾	スコットランド	エジプト	デンマーク
フィリピン	イングランド	ナイジェリア	ドイツ
	オランダ	ケニア	スイス
	ベルギー	ボツワナ	ザイール
	フランス	マレーシア	イエメン
	スペイン	オーストラリア	タイ
	ポルトガル	ニュージーランド	

すが、子どもへのポジティブな関わり方を学ぶ教育プログラムとして、指導者を対象としたものや保護者を対象としたものとして開発されています。指導者を対象にプログラムを実施し、資格を付与しています。多くの指導者が学んだこのプログラムは、現在アメリカの指導者の基準となっているといっても過言ではありません。同様の教育プログラムは保護者用にも開発されています。ただ実際には保護者が積極的にこのようなことを知ろうとすることは少ないでしょう。そのあたりもよくできていて、指導者達が保護者に向けてメッセージを送る際に利用できる教材も開発されており、たとえばチームの保護者会などで教材を用いながら保護者に説明することが可能となります。

また、国内でも何人かの指導者が中心になって勉強会が行われているケースがあります。たとえば第4章でご紹介したR&Bラグビークラブでは、指導者や保護者と一緒に研修会を実施しています。参加者の多くは「お父さん指導者」だそうです。叱らない指導をチームとして掲げているものの、やはり強く注意したくなる衝動に駆られることもあるそうです。

研修では、子どもの発達について理解したり、子どもの行動の背景を理解したり、なぜ「怒り」の感情が沸き起こってくるのかを見つめることで自己理解を促したりと、様々なテーマを取り上げています。

また、バスケットボールのスクールを関東全域で展開している株式会社エルトラックは、情熱ある指導者育成を会社のビジョンとして掲げ力をいれています（http://www.nippon-shacho.com/interview/in_erutluc/）。現在、約70名の指導者が、1年間で約3000件を超える指導にあたっています。指導内容は主に4つあり、1つめは、個人やチームを対象に全国に出向いて行う「出張指導」。2つめは、週一回など定期的に開催する「バスケットボール教室」。3つめは、バスケットボールのスキルを半日から2日で集中的に指導する「クリニック」。4つめは、合宿形式で指導する「キャンプ」です。エルトラックでは、指導者には生徒に教えるスキルとともに「情熱」を持ってもらえるよう重視します。知識や経験があっても手を抜かず、真剣に子ども達と向き合っていくことができる指導者の情熱が子ども達に伝わり、「この先生についていきたい」「この先生に教えてもらいたい」と子ども達が思うようになることを目指しています。

エルトラックでは、指導者の指導力を高めるために、「情熱」がなければ続けられない仕組みを作っています。はじめに、指導者になりたい人は、希望者として「登録」します。その後すぐには有給の指導者にはなれず、まず20回の指導をインターンという形で行います。その後、自らの指導に関して保護者にインタビューを実施してレポートを提出します。その他にも「子どものスポーツ勉強会」というものがあり、勉強会への参加、または動画学習のどちらかを行い、毎月学んだ内容のレポートを提出します。もし毎月の勉強会に参加しなければ、翌年は指導者としての活動ができなくなります。勉強会の内容は、２年間のプログラムになっており、技術面だけでなく、言葉かけや子どものモチベーションを高める方法など様々なプログラムで構成されています。

研修段階を経て、有給の指導者になった後は、よりランクの高い指導者を目指していきます。エルトラックでは、指導者はランク制になっており、指導回数、勉強会への参加、保護者や会社内での評価、スキルテストの結果などを総合的に鑑み、指導者のランク（７段階）が決まります。

このように指導者の資質向上のために様々なハードルが作られているため、それぞれの壁を一人でクリアしていくのは大変なことです。そこでバディ制度やファミリー制度を活用しています。若手指導者には、ベテランの指導者がバディという形で指導にあたります。ベテラン指導者がバディを担当できる人数が決まっており、常にきめ細かい指導ができるようになっています。そして地域の指導者達は、バディよりも一段と多い人数である、ファミリーという形でまとめられます。ファミリーの中では、指導者同士の誕生会が開かれたり、楽しいイベントが開かれたりと指導者同士のつながりを深めていくための仕組みが組まれています。また毎回の練習後に、フィードバックの時間が用意されており、通常夕飯をとりながらその日の指導に関してアドバイスを含めた振り返りを行っていきます。

その他にも、エルトラックでは、指導者達の日々の努力を「表彰」という形でフィードバックしています（http://goldstandardlabo.com/blog/2017/07/10/erutluc-eyp-report/）。「表彰」も様々な種類があり、情熱、スタッツ、指導実績、スキルペーパー、スタディ、喜びの声、ＴＥＤ（プレゼンテーション能力）、ドリル、アイディア、ユーモア、魅力、育成、ＭＥＴ（Most Educational Tutor）、ＭＩＴ（Most Improved Tutor）の14種類もの表彰があります。日々の努力に対する感謝という意味を込めての表彰を行っているようです。以上のように、エルトラックでは、指導者達の熱意や勤勉さを育てる仕組みづくりがあります。今回は、エルトラックを事例として取り上げましたが、他の民間団体ではその団体独自の指導者育成があります。民間団体同士の交流、またはそれを民間団体を超えて、地域スポーツや部活の指導者などの交流がより盛んになることで、日本の様々なスポーツを支えている指導者達のレベルが上がることを期待したいものです。

最近では、各競技を超え、指導者達が一堂に集まり勉強会を行おうという動きが出てきています。スポーツコーチング・イニシアチブは２０１７年に立ち上がったＮＰＯ法人ですが、様々な競技の指導者、研究者、保護者が集まって各トピックの講演を聞き、お互い議論を交わしています。たとえば２０１７年10月17日の、「外部指導者について」をテーマとする会では、はじめに３人のスピーカーがそれぞれの立場から話をしてくれました。１人めは、杉並区の公立中学校でテニス部の外部指導者をされている方、２人めは神奈川県の県立高校で部活の顧問という立場から外部指導者を活用されている方、そして３人めは、民間の企業でマネージメントなどを担当されており、チームビルディングという視点から高校と大学の野球部で外部指導者をされている方のお話でした。外部指導者というトピックでそれぞれ違う立場から話をしてもらい、参加者はそれらの話を受けて、自分たちが考える理想的な外部指導者について①生徒の立場、②外部指導者の立場、③保護者の立場、④学校の立場というグループに分かれてブレインストーミングを行っていきました。

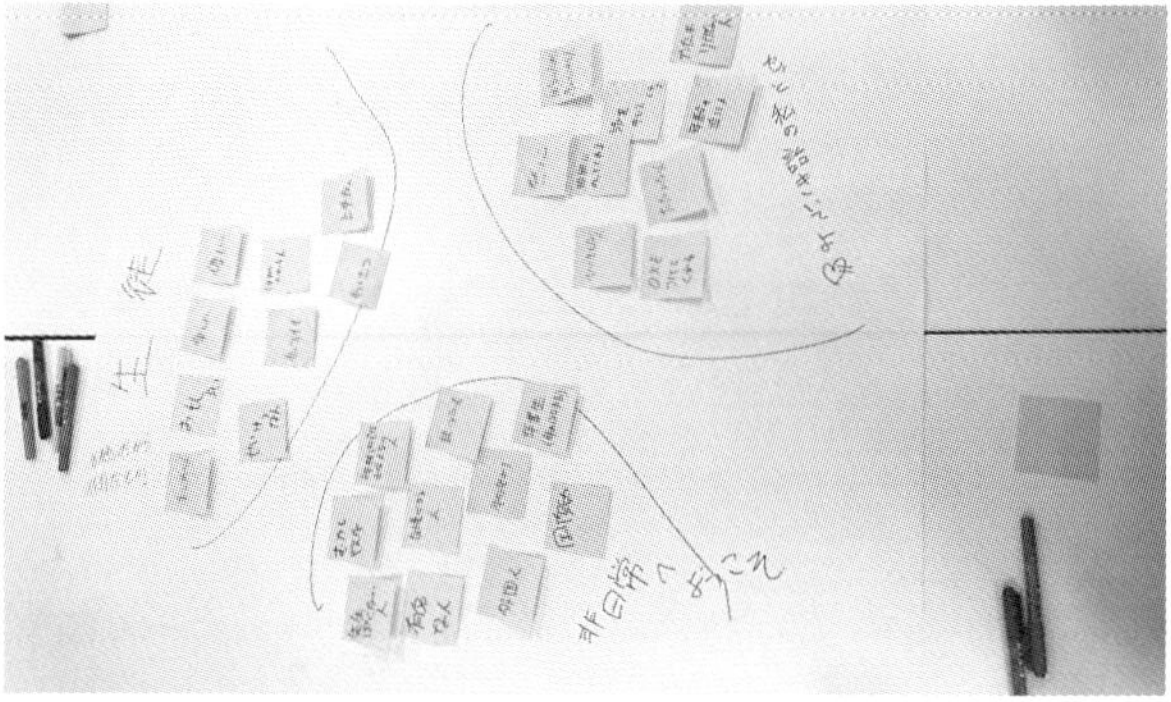

写真6-1　ブレインストーミングの様子

ブレインストーミングとは、特定のテーマについて何人かでアイディアを自由に出し合い、問題解決に結びつける会議の方法です。その特徴は、批判をしない、奇抜な考え方やユニークで斬新な考え方を重視する、質より量を心がける、アイディアの結合を奨励する点にあります。このブレインストーミングもさまざまな工夫がされており、はじめにブレインストーミングのやり方が説明され、より意見が出やすいように立ってポストイットを模造紙に貼っていく、そして貼られたポストイットをグルーピングして、タイトルをつけるのですが、固いタイトルではなく柔らかいタイトルをつけていくよう促されました。ブレインストーミングで作成された模造紙は、写真6－1のようなものとなりました。

参加者同士バックグラウンドは違うものの、皆スポーツ現場への熱い思いを持っており、至る所で話が弾んでいました。このように指導者達が横につながっていくことで、日本のスポーツ環境が変わっていくことを願っています。

◆コラム8　ポジティブ・コーチ・アライアンスの取り組み

ポジティブ・コーチ・アライアンス（Positive Coaching Alliance, ＰＣＡ）とは、スポーツをする子どもへのポジティブな関わり方を学ぶ教育プログラムの提供を中心とする非営利組織です。代表のジム・トンプソンさんがアメリカのスタンフォード大学で働いていた１９９８年に立ち上げ、これまでに約３５００の学校や若者対象グループに導入されています。これまでにこのＰＣＡプログラムの訓練を受けたコーチは、約8万人にのぼり、北米３５００以上の学校やスポーツクラブなどで活躍しています（２０１７年秋現在）。また最近ではビジネスの場でもこの手法が活用されているそうです。

彼は、自分の息子たちの野球チームに関わる中で、多くの子どもたちが10歳をピークにスポーツ活動への興味を失って離れていく現状（13歳までに7割がやめてしまう）に目を止めました。そしてその大きな原因が、勝利を気に留めすぎた指導者たちのネガティブな姿勢（ミスに対して怒鳴ってしまったり、子どもに厳しく言ったりする）にあるのではないかと考えました。競技の中で成長していくジュニアスポーツは、観客の楽しみのためにある商業スポーツと異なります。彼は、指導者がポジティブで建設的な姿勢を持ち続けることで、選手を伸ばすことができると考え、このプログラムを開発したそうです。

その特徴は2点に集約されます。１つめは、若者にスポーツを指導する際に、「選手の競技力向上」だけではなく、「人間としての内面の成長」をも促そうと考える点にあります。勝利を目指すことを軽視することなく、スポーツを通じて子どもたちに人生観や教訓などを伝えることをより重視するこの姿勢は、ゴールが2つあるという意味を込めて、「ダブル・ゴール・コーチング」と呼ばれます。２つめは、参加型のワークショップ形式でこれらを伝えようとする点にあります。

写真6-2　ワークショップのようす

アメリカのあちこちで現在は年に約2万回ものワークショップが開催されています。その長さは1時間程度のものから3時間を超えるものまであり、一回完結で設定されることが多いですが、テーマにもバリエーションがあり、何回も受けられます。また、指導者を対象としたものだけではなく、選手本人を対象としたもの、チームの運営者を対象としたもの、さらには一般の保護者を対象としたものがあります。ただ実際には、保護者が積極的にこのようなことを知ろうとすることは少ないでしょう。そのあたりの対策も抜かりなく、指導者らが保護者向けの説明で利用できる教材も開発されているため、たとえばチームの保護者会などで教材を用いながら説明することができます（第5章本文参照）。

２０１７年2月に日本国内での初めてのワークショップが東京で開催された際、筆者らも参加しました。講師のトニー・アサロさんは、過去3年で４００のワークショップをこなしたというベテラン。プライベートを挟んだ軽快なトークで、より良いスポーツ指導のあり方について簡単に説明した後、参加者同士でのグループワークや交流の時間も持たれました。これは、いくつかのありがちな事例を使い、どうするべきかそれはなぜかなどを小グループで話し合い、教室で共有する方法です。そして、ＰＣＡの理念をベースに最後にアドバイスをまとめるという流れで、終始わきあいあいとしつつも、さまざまな種目のさまざまな立場の方と意見交換ができたため、深い学びの時間となりました。

スポーツは勝ち負け・上手下手が見えやすいので、どうしても競争的になります。けれども、指導者も保護者もそこをぐっとこらえ、競技力の向上と人間性の成長を見守っていきましょう。ＰＣＡでは、保護者は２つめの目標「人間としての内面の成長」のみを気にかけるようにと言いますが、勝ち負けや技術を気にしないのは難しいかもしれませんね。そのようなときには、トニーさんの教えてくれた魔法の言葉を思い出しましょう。

「おまえがプレーしているところを見るのが好きよ（I love to watch your play）」……トニーさんのお母さんがそのようにおっしゃっていて、とてもうれしく感じたそうです。幼児の頃は立って歩くだけで可愛いものです。難しいかもしれませんが、そのような気持ちを思い出せるとよいですね。

写真 6-3　PCA のサイト

本家アメリカのサイト（https://www.positivecoach.org/）には具体的な教材やアドバイスがいろいろ掲載されています。また、「ダブル・ゴール・コーチング」の普及活動を行う特定非営利活動法人スポーツコーチング・イニシアチブのサイト（http://sports-coach.jp）も充実しつつあります。興味のある方はぜひ訪問なさってください。

著者紹介

大橋恵（おおはし めぐみ）
東京大学大学院人文社会系研究科博士課程修了。東京学芸大学非常勤講師などを経て，現在は東京未来大学こども心理学部教授。博士（社会心理学）。専門は社会心理学，文化心理学。著書に『集団心理学』（編著，サイエンス社，2021）など。
担当：第１章，第３章(2, 3)，第５章(2 ～ 4)，コラム２，５，６，８

藤後悦子（とうご えつこ）
東京学芸大学大学院連合学校教育学研究科単位修得満期退学。立教大学兼任講師などを経て，現在は東京未来大学こども心理学部教授。博士（学術）。臨床心理士，臨床発達心理士。専門はコミュニティ心理学，臨床心理学，発達心理学。著書に『保育カウンセリング』（編著，ナカニシヤ出版，2010）など。
担当：第４章(3)，第５章(1)，第６章，コラム３，４，７

井梅由美子（いうめ ゆみこ）
お茶の水女子大学大学院人間文化研究科博士後期課程単位取得退学。相模女子大学，青山学院女子短期大学の非常勤講師を経て，現在は東京未来大学こども心理学部准教授。修士（人文科学）。臨床心理士。専門は臨床心理学，発達臨床心理学。著書に『はじめて学ぶ心理学』（編著，大学図書出版，2015）など。
担当：第２章，第３章(1)，第４章(1, 2)，コラム１

３名による著書に『部活動指導員ガイドブック［基礎編］［応用編］』（編著，ミネルヴァ書房，2020 & 2022），『スポーツで生き生き子育て & 親育ち』（編著，福村出版，2019）がある。

索　引

◆あ　行

◆か　行

◆さ　行

◆た　行

◆な　行

◆は　行

◆ま　行

◆や　行

◆ら　行

引用文献

秋月りす（1994）. OL 進化論　8巻　講談社　p. 40

Albon, H. M., Hamlin, M. J., & Ross, J. J. (2010). Secular trends and distributional changes in health and fitness performance variables of 10-14-year-old children in New Zealand between 1991 and 2003. *British Journal of Sports Medicine*, 44 (4), 263-269.

Ames, C., & Archer, J. (1988). Achievement goals in the classroom: Students' learning strategies and motivation processes. *Journal of Educational Psychology*, 80(3), 260-267.

アリエス，P.　杉山光信・美恵子（訳）（1980）.〈子供〉の誕生　みすず書房

荒井弘和（2004）. メンタルヘルスに果たす身体活動・運動の役割．日本スポーツ心理学会（編）最新スポーツ心理学：その軌跡と展望，大修館書店，pp. 89-98.

荒木香織（2016）. ラグビー日本代表を変えた「心の鍛え方」 講談社

朝日新聞（2006）. 詳報 高校野球指導に関する本社アンケート　http://www.asahi.com/koshien/88/news/OSK200606050026.html

朝日新聞（2017）. 小学生　減らない指導者暴力　2017. 3. 24. 日刊

馬場禮子・永井撤（1997）. ライフサイクルの臨床心理学　培風館

Benesse 教育研究開発センター（2007）. 第4回学習基本調査報告書 http://berd.benesse.jp/shotouchutou/research/detail1.php?id=3247

Benesse 教育研究開発センター（2008）. 放課後の生活時間調査—子ども達の時間の使い方（意識と実態） http://berd.benesse.jp/up_images/research/data_all3.pdf

Benesse 教育研究開発センター（2009）. 第1回 学校外教育活動に関する調査報告書 http://berd.benesse.jp/berd/center/open/report/kyoikuhi/webreport/report06_05.html#zu6_7

Boddy, L. M., Fairclough, S. J., Atkinson, G., & Stratton, G. (2012). Changes in cardiore-spiratory fitness in 9- to 10-year-old children: Sports Linx 1998-2010. *Medicine and Science in Sports and Exercise*, 44(3), 481-486.

Bolter, N. D., & Weiss, M. R. (2013). Coaching Behaviors and Adolescent Athletes' Sportspersonship. *Outcomes, Sport, Exercise, and Performance Psychology*, 2, 32-47.

Brustad, R. J. (1993). Who will go out and play? Parental and psychological influences on children's attraction to physical activity. *Pediatric Science*, 5, 210-223.

Boyke, J., Driemeyer, J., Gaser, C., Büchel, C., & May, A. (2008). Training-induced brain structure changes in the elderly. *Journal of Neuroscience*, 28, 7031-7035.

Carron, A. V. (1982). Cohesiveness in Sport Groups: Interpretations and Considerations. *Journal of Sport Psychology*, 4(2), 123-138.

Chelladurai, P. (2007). Leadership in sports. In G. Tenenbaum., & R. C. Eklund (Eds.), *The Handbook of Sport Psychology* (3rd ed.). NewYork: Wiley. pp. 113-135

中央教育審議会（2014）. 初等中等教育における教育課程の基準等の在り方について（諮問）諮問理由　http://www.mext.go.jp/b_menu/shingi/chukyo/chukyo0/gijiroku/__icsFiles/afieldfile/2014/11/26/1353643_1_1.pdf

Coatsworth, J. D., & Conroy, D. E. (2009). The effects of autonomy-supportive coaching, need satisfaction, and self-perceptions on initiative and identity in youth swimmers. *Developmental Psychology*, 45(2), 320-328.

Deci, E. L. (1971). Effect of externally mediated rewards on intrinsic motivation. *Journal of Personality and Social Psychology*, 18, 105-115.

Dorsch, T. E., Donough, M. H., & Smith, A. L. (2015). Early socialization of parents through organized youth sport. *Sport, Exercise, and Performance Psychology*, 4, 3-18.

Downey, M. (1999). *Effective Coaching: Lessons from the Coach's Coach*. Cengage learning.

Dweck, C. S. (1986). Motivational processes affecting learning. *American Psychologist*, 41, 1040-1048.

海老原修（2003）. 現代スポーツ社会学序説　杏林書院

Findlay, L. C., & Coplan, R. J. (2008). Come out and play: Shyness in childhood and the benefits of organized sports participation. *Canadian Journal of Behavioural Science*, 40, 153-161.

藤子・F・不二雄（1974）. ドラえもん 第１巻 小学館.

不登校生徒に関する追跡調査研究会（2014）. 不登校に関する実態調査報告書 第１部 調査の概要・第２部 基礎集計編　http://www.mext.go.jp/component/a_menu/education/detail/__icsFiles/afieldfile /2014/08/04/1349956_02.pdf

藤田紀昭（1995）. スポーツ集団の運営形態に関する研究. スポーツ社会学研究, 3, 47-59.

Harwood, C. G., & Knight, C. J. (2015). Parenting in youth sport: A position paper on parenting expertise. *Psychology of Sport and Exercise*, 16, 24-35.

発達障害者支援法（2004）. http://www.mext.go.jp/a_menu/shotou/tokubetu/material/001.htm

長谷川祐介（2013）. 高校部活動における問題行動の規定要因に関する分析の試み：指導者の暴力, 部員同士の暴力・いじめに着目して 大分大学教育福祉科学部研究

紀要，35, 153–163.
ホッグ，M. A. 廣田君美・藤沢等（監訳）（1994）. 集団凝集性の社会心理学　北大路書房
本間道子（2011）. 集団行動の心理学　サイエンス社
Horn, T. S. (2008). Coaching Effectiveness in the Sports Domain. T. S. Horn (Ed.), *Advances in Sport Psychology*, Campaign, IL: Human Kinetics, pp. 239–267.
石井源信（2011）. 発達的視点から見たジュニアスポーツの現状と課題　杉原隆（編）生涯スポーツの心理学：生涯発達の視点からみたスポーツの世界　福村出版 pp. 100–106.
岩井俊憲（2016）. 人を育てるアドラー心理学　青春出版社
飯田義明（2013）. 学外スポーツ活動に対する教育投資に関する調査から：プロサッカークラブに通う子供の保護者を対象に．専修経済学論集，48(2), 145–152.
伊藤由美・柘植雅義・梅田真理・石阪務・玉木宗久（2015）.「通常の学級に在籍する発達障害の可能性のある特別な教育的支援を必要とする児童生徒に関する調査」の補足調査の結果からみた通級指導教室の役割と課題　国立特別支援教育総合研究所研究紀要，42, 27–39.
井梅由美子・藤後悦子・大橋恵（2017）. 地域におけるジュニアスポーツの現状と課題―親対象のアンケート調査から―　東京未来大学研究紀要，10, 167–176.
加藤爽子（1995）. 社会学的側面からの青少年スポーツ参加に関する研究：小学生・中学生　1994 年度日本体育協会スポーツ科学研究報告集，pp. 4–9.
Jarvis, M. (1999). *Sport Psychology*, London: Taylor & Francis Book（ジャーヴィス，M. 工藤和俊・平田智秋（訳）スポーツ心理学入門　新曜社　2006.）
川田裕次郎・大橋 恵・井梅由美子・西田敬志・藤後悦子（2016）. 地域スポーツの指導者の直面している 問題の把握：質的分析アプローチ　日本コミュニティ心理学会第 19 回大会発表論文集，pp. 100–101.
金崎良三・橋本公雄（1995）. 青少年のスポーツ・コミットメントの形成とスポーツ行動の継続化に関する研究：中学生・高校生を対象に．体育学研究，39(5), pp. 363–376.
厚生労働省（2016）. 平成 28 年国民健康・栄養調査結果の概要　http://www.mhlw.go.jp/file/04-Houdouhappyou-10904750-Kenkoukyoku-Gantaisakukenkouzoushinka/kekkagaiyou_7.pdf
Markus, H. R., & Kitayama, S. (1991). Culture and the self: Implications for cognition, emotion, and motivation. *Psychological Review*, 98(2), 224–253.
丸野俊一（1990）. 第 6 章　認知　無藤隆・高橋惠子・田島信元（編）発達心理学入門Ⅰ 乳児・幼児・児童　東京大学出版会　pp. 82–107.
丸山富雄（1984）. 幼児のスポーツ参加と両親の影響（第 2 報）: スポーツ教室参加者と非参加者との比較考察．仙台大学紀要，16, 19–27.
水上博司・高橋義雄・山口晶永・山下則之（2000）. スポーツスクールに子どもを通わ

せる保護者の期待に関する研究．スポーツ産業学研究，10(1), 59-73.
文部科学省（1997）．運動部活動の在り方に関する調査研究　http://www.mext.go.jp/b_menu/shingi/chousa/sports/001/toushin/971201.htm
文部科学省（2000）．スポーツ振興基本計画　http://www.mext.go.jp/a_menu/sports/plan/06031014.htm
文部科学省（2012）．子どもの体力向上のための取組ハンドブック　http://www.mext.go.jp/a_menu/sports/kodomo/zencyo/1321132.htm
文部科学省（2012）．通常の学級に在籍する発達障害の可能性のある特別な教育的支援を必要とする児童生徒に関する調査結果について　http://www.mext.go.jp/a_menu/shotou/tokubetu/material/__icsFiles/afieldfile/2012/12/10/1328729_01.pdf
文部科学省（2014）．平成 26 年度体力・運動能力調査結果の概要及び報告書　http://www.mext.go.jp/b_menu/toukei/chousa04/tairyoku/kekka/k_detail/1362690.htm
文部科学省（2015）．体力・スポーツに関する世論調査（平成 25 年 1 月調査）http://www.mext.go.jp/b_menu/toukei/chousa04/sports /1338692.htm
文部科学省（2016）．児童生徒の問題行動等生徒指導上の諸問題に関する調査　http://www.mext.go.jp/b_menu/houdou/28/10/__icsFiles/afieldfile/2016/10/27/1378692_001.pdf
森田正馬（1974）．森田正馬全集 第 1 巻　白揚社
Na, J. (2015). Parents' perceptions of their children's experiences in physical education and youth sport. *Physical Educatore*, 72(1), 139-168.
永井洋一（2004）．スポーツは「良い子」を育てるか　NHK 出版
永島惇正（2000）．地域スポーツの指導 北樹出版
永吉宏英・塚本真也・百々道男（1976）．子どものスイミング・クラブ入会要因の分析―特に親の側からみた入会の動機について．体育の科学，26(6), 431-435.
中島義明・安藤清志・子安増生（1999）．心理学辞典 有斐閣
中澤篤史（2011）．なぜ教師は運動部活動へ積極的にかかわり続けるのか：指導上の困難に対する意味づけ方に関する社会学的研究．体育学研究，56(2), 373-390.
中澤篤史（2014）．運動部活動の戦後と現在　青弓社
中澤篤史（2017）．そろそろ，部活のこれからを話しませんか　大月書店
内閣府（2014）．平成 26 年版子ども・若者白書　http://www8.cao.go.jp/youth/whitepaper/h26gaiyou/pdf_indexg.html
新本惣一朗（2012）．小学生のスポーツ実施状況の違いが特性的自己効力感に及ぼす影響．発育発達研究，57, 1-9.
日本体育協会（2015）．公認スポーツ指導者制度オフィシャルガイド　http://www.japan-sports.or.jp/Portals/0/data/ikusei/doc/officialguide2015.pdf
日本体育協会（2016）．平成 28 年度都道府県別競技別団員 http://www.japan-sports.

or.jp/Portals/0/data/syonendan /H28danninnsu.pdf
Nishijima, T., Kokudo, S., & Ohsawa, S. (2003). Changes over the years in physical and motor ability in Japanese youth in 1964–97. *International Journal of Sport and Health Science*, 1(1), 164–170.
西島央・矢野博之・中澤篤史 (2008). 中学校部活動の指導・運営に関する教育社会学的研究：東京都・静岡県・新潟県の運動部活動顧問教師への質問紙調査をもとに. 東京大学大学院教育学研究科紀要, 47, 101–130.
オコナー, J. &ラゲス, A. 杉井要一郎訳 (2012). コーチングのすべて：その成り立ち・流派・理論から実践の指針まで　英治出版
大橋 恵・井梅由美子・藤後悦子 (2015). 地域スポーツにおける親子の喜びと傷つき―自由記述法による検討―　東京未来大学研究紀要, 8, 27–37.
大橋 恵・井梅由美子・藤後悦子・川田裕次郎 (2016). 地域スポーツのコーチのやりがいと困難の内容：尺度の作成を目指して 未来の保育と教育, 3, 19–28.
大橋 恵・井梅由美子・藤後悦子・川田裕次郎 (2017). 地域におけるスポーツのコーチの喜びと困惑―コーチ対象の調査の内容分析―　コミュニティ心理学研究, 20, 226–242.
大橋 恵・藤後悦子・井梅由美子・川田裕次郎 (2016). 地域スポーツの指導者が直面している課題：指導者の指導力向上に向けて. スポーツ産業学研究, 26(2), 243–254.
大橋 恵・藤後悦子・井梅由美子 (2017). 地域スポーツにおける母親の攻撃行動：選手の競技レベルと母親同士の心理的距離の影響　東京未来大学研究紀要, 11, 31–41.
岡野進 (2011). ジュニア期の成長とトレーニングを考える　現代スポーツ評論（創文企画）, 24, pp. 107–113.
Papaioannou, A. (1994). Development of a questionnaire to measure achievement orientations in physical education. *Research Quarterly for Exercise and Sport*, 65 (1), 11–20.
Peterson, D., & Hicks, M. (1999). Strategic Coaching: Five ways to get the most Value. *Human Resources Focus*, 76(2), 7–8.
Rosenthal, R., & Jacobson, L. (1968). *Pygmalion in the Classroom : Teacher Expectation and Pupil's Intellectual Development*. Holt, Rinehart & Winston.
Ryan, R. M., & Deci, E. L. (2000). Self-determination theory and facilitation of intrinsic motivations, social development, and well-being. *American Psychologist*, 55, 68–78.
櫻井茂男 (2009). 自ら学ぶ意欲の心理学：キャリア発達の視点を加えて　有斐閣
櫻井茂男 (2012). 夢や目標をもって生きよう！：自己決定理論　鹿毛雅治（編） モチベーションを学ぶ 12 の理論　金剛出版　pp. 45–72.
Salmon, J., Timpero, A., Cleland, V., & Venn, A. (2005). Trends in children's physical

activity and weight status in high and low socio-economic status areas of Melbourne, Victoria, 1985-2001. *Australian and New Zealand Journal of Public Health*, 29(4), 337-342.

Santtila, M., Kyrolainen, H., Vasankari, T., Tiainen, S., Palvalin, K., Hakkinen, A., & Hakkinen, K. (2006). Physical fitness profiles in young Finnish men during the years 1975-2004. *Medicine and Science in Sports and Exercise*, 38(11), 1990-1994.

佐藤暢子（2009）. 子どもの「運動格差」を生じさせるものは何か？ 第1回 学校外教育活動に関する調査. http://berd.benesse.jp/berd/center/open/report/kyoikuhi/webreport/pdf/houkoku_01.pdf

セリグマン M. E. P. 平井 久・木村 駿（訳）（1985）. うつ病の行動学：学習性絶望感とは何か 誠信書房

汐見稔幸（2008）. 子どもの身体力の基本は遊びです：汐見先生の素敵な子育て 旬報社

Slater, M. R., & Sewell, D. F. (1994). An examination of the cohesion - performance relationship in university hockey teams. *Journal of Sports Sciences*, 12(5), 423-431.

Smith, R. E., Smoll, F. L., & Hunt, E. B. (1977). A system for the behavioral assessment of athletic coaches. *Research Quarterly*, 48, 401-407.

Smoll, F. L., Smith, R. E., Curtis, B., & Hunt, E. (1978). Toward a mediational model of coach-player relationships. *Research Quarterly. American Alliance for Health, Physical Education and Recreation*, 49(4), 528-541.

Smoll, F. L., & Smith, R. E. (2002). *Children and Youth in Sport*. St. Louis: Kendall/Hunt.（市村操一・杉山佳生・山本裕二（監訳）（2008）. ジュニアスポーツの心理学 大修館書店）

Snyder, E. E., & Spreitzer, E. (1976). Correlates of sport participation among adolescent girls. *Research Quarterly. American Alliance for Health, Physical Education and Recreation*, 47(4), 804-809.

Spreitzer, E., & Snyder, E. E. (1976). Socialization into sport: An exploratory path analysis. *Research Quarterly. American Alliance for Health, Physical Education and Recreation*, 47(2), 238-245.

杉並区教育委員会（2016）. すぎなみ教育報, 221号, 1面 https://www.city.suginami.tokyo.jp/_res/projects/default_project/_page_/001/021/646/kyoiku221.pdf

鈴木大地（2016）. 平成二十八年 年頭の所感 http://www.mext.go.jp/sports/b_menu/choukan/detail/1365744.htm

鈴木尚子（2009）. 小学生の塾や習い事（前篇）：4年生からスポーツより勉強 第1回 学校外教育活動に関する調査. http://berd.benesse.jp/berd/center/open/report/kyoikuhi/webreport/ pdf/houkoku_06.pdf

引用文献

スポーツ指導者の資質能力向上のための有識者会議（2013）. スポーツ指導者の資質能力向上のための有識者会議報告書　http://www.mext.go.jp/b_menu/shingi/chousa/sports/017/toushin/__icsFiles/afieldfile/2014/06/12/1337250_01.pdf

スポーツ庁（2016）. 平成 28 年度全国体力・運動能力等調査結果　http://www.mext.go.jp/sports/b_menu/toukei/kodomo/zencyo/1380529.htm

高山千代（2000）. 運動部活動指導者の現状と問題点. 新潟青陵女子短期大学研究報告, 30, 37-56.

滝口隆司（2011）. 拡大する子どもの「スポーツ市場」と格差社会による二極化. 現代スポーツ評論, 24, 38-49.

谷口幸一（2004）. 発達から見た身体活動・運動と身体的健康. 日本スポーツ心理学会（編）最新スポーツ心理学：その軌跡と展望（pp. 99-108）大修館書店 .

多々納秀雄（1995）. スポーツ競技不安に関する初期的研究の動向：新たな競技不安モデル作成のために 健康科学, 17, 1-23.

東京都教育委員会（2016）. アクティブプラン to 2020：総合的な子供の基礎体力向上方策（第 3 次推進計画）について　http://www.metro.tokyo.jp/INET/KEIKAKU/2016/01/70q1s100.htm

藤後悦子・浅井健史・勝田紗代・川田裕次郎・藤後淳一・大浦宗博・関谷悠介・谷中颯次・徳永祐典（2016）. 中学生のバスケットボールチームへの森田療法を用いた心理サポートの可能性：森田療法的メンタルトレーニングワークシートの開発と改善 モチベーション研究, 5, 25-37.

藤後悦子・浅井健史・川田裕次郎・勝田紗代（2016）. コーチ用ワークシートの開発とコーチへの心理サポートの効果　第 34 回日本森田療法学会　プログラム・抄録集 p. 17.

藤後悦子・井梅由美子・大橋 恵（2016）. 子どものモチベーションを高めるスポーツ・ペアレンティング こども環境学研究, 34(2), 41-47.

藤後悦子・大橋 恵・井梅由美子（2018）. 中学校の運動部指導者の関わりが部内の人間関係及び生徒の精神状態に与える影響 社会と調査, 20, 55-66.

Togo, E., Iume, Y., Kawata, Y., & Ohashi, M. M. (2016). An on-line survey of factors enhancing sports-harassment by coaches in community based junior sport clubs in Japan. The 33rd meeting of International Conference of Psychology, poster presentation.

Tomkinson, G. R., Macfarlane, D., Noi, S., Kim,D., Wang, Z., & Hong, R. (2012). Temporal changes in long-distance running performance of Asian children between 1964 and 2009. *Sports Medicine*, 42(4), 267-279.

トンプソン, J. (2017). ダブル・ゴール・コーチングの持つパワー：スポーツでも人生でも勝者となる人材を育成する　スポーツコーチング・イニシアチブ出版

土屋裕睦（2004）. チームビルディングとソーシャルサポート　日本スポーツ心理学会編　最新スポーツ心理学：その軌跡と展望　大修館書店 pp. 219-230.

土屋裕睦（2011）．スポーツにおける単一種目の早期専門化：バーンアウトを考える　現代スポーツ評論（創文企画），24, pp. 50–62.

上野耕平・中込四郎（1998）．運動部活動への参加による生徒のライフスキル獲得に関する研究．体育学研究，43(1), 33–42.

山下富美代・井田政則・山村豊・井上隆二・高橋一公（2002）．図解雑学発達心理学　ナツメ社

横田匡俊（2004）．顧問教員からみる運動部の利点と今後　トレーニング・ジャーナル，5 月号，64–67.

読売新聞（2015）．健康づくりも使命：スポーツ庁発足　2015 年 10 月 2 日日刊 p. 26.

読売新聞（2016）．スポーツ Biz ワールド　参加・体験 8　2016 年 2 月 12 日日刊 p. 20.

読売新聞（2017a）．TOKYO 再び 5　2017 年 7 月 24 日日刊 p. 1, 18, 19.

読売新聞（2017b）．桐生 9 秒 98　2017 年 9 月 10 日日刊 p. 1.

読売新聞（2017c）．五輪選手の育て方：選手 106 人の親に聞く　2016 年 8 月 18 日日刊 p. 33.

渡辺英児（2009）．アメリカで観て感じたスポーツ．龍谷理工ジャーナル，21(2), 63–68.

Wiersma, L. D., & Fifer, A. M. (2008). The schedule has been tough but we think "it's worth it": The joys, challenges, and recommendations of youth sport parents. *Journal of Leisure Research*, 40, 505–530.

Whitmore, J. (2002). *Coaching for Performance: growing human potential and purpose, the principles and practice of coaching and leadership*. Nicholas brealey publishing.

Weiner, B., Frieze, I. H., Kukla, A., Reed, L., Rest, S., & Rosenbaum, R. M. (1971). Perceiving the causes of success and failure. In Jones, E. E., Kanouse, D., Kelley, H. H., Nisbett, R. E., Valins, S., & Weiner, B. (Eds.), *Attribution: Perceiving the causes of behavior*. General Learning Press.

全国大学体育連合（2014）．運動部活動等における体罰・暴力に関する調査報告書　http://daitairen.or.jp/2013/wp-content/uploads/2015/01/f2cb4f9e1c5f5e1021e44042438f44ab.pdf

ジュニアスポーツコーチに
知っておいてほしいこと

2018年6月20日　第1版第1刷発行
2022年5月20日　第1版第2刷発行

著　者　大《おお》　橋《はし》　　恵《めぐみ》
藤《とう》　後《ご》　悦《えつ》　子《こ》
井《い》　梅《うめ》　由《ゆ》美《み》子《こ》

発行者　井　村　寿　人

発行所　株式会社　勁《けい》　草《そう》　書　房

112-0005　東京都文京区水道2-1-1　振替　00150-2-175253
（編集）電話　03-3815-5277／FAX　03-3814-6968
（営業）電話　03-3814-6861／FAX　03-3814-6854
本文組版 プログレス・日本フィニッシュ・中永製本

ISBN978-4-326-85195-9　　Printed in Japan

＊落丁本・乱丁本はお取替いたします。
ご感想・お問い合わせは小社ホームページから
お願いいたします。

https://www.keisoshobo.co.jp